Hitoto Tae
一青妙

わたしの台湾・東海岸

「もう一つの台湾」をめぐる旅

新潮社

プロローグ

台湾を訪れる日本人が増えている。台湾に興味を持ってくれる日本人も広がっている。誰も知らなかった台湾のお店、台湾の路地裏、台湾の建築などについても、どんどん日本人の知識が深くなっている。

最近刊行される台湾本の内容の詳しいことといったら本当にビックリさせられるし、いろいろ出ている女性誌の台湾特集も、最近は「路地裏のあの店」みたいなディープな領域にずんずん入り込んでいって、紹介されているのも、ほとんど私が行ったことのない穴場ばかり。取材する人もさぞ大変だろうなとちょっと想像したりする。

台湾ブームと言い切ってしまうとちょっと違うような感じもするけれど、私の友人である台湾の漫画家・哈日杏子《ハーリーシンツー》さんが発明した「哈日《ハーリー》（日本大好き）族《ツー》」という言葉にあやかれば、いまの日本には相当数の哈台《ハータイ》（台湾大好き）族《ツー》がいて、哈台熱《ハータイロー》にかかっているんじゃないだろうか。

これはすごくいいことだし、私も、とても嬉しい。台湾と日本をつなぐような本を書いてきた私にとって、自分の仕事が少しずつ形になっていくような幸福を感じる。

ただ、私はひねくれ者なので、世にあふれている台湾関係の情報を見ていると「ちょっと待って！　それだけじゃないのよ」と言いたくなるのだ。

2年ほど前、『わたしの台南』という本を書いた。そのときに意識したのは「台北に負けないぐらい楽しい場所があるんです」ということを、日本の人たちに知ってほしい思いだった。その後、台南を訪れる人がたくさん増えた。私の本も一役買っている、という話も耳にする。なんと、イケメンで有名な頼清徳《ライチンドー》・台南市長から生まれて初めての「親善大使」にも任命していただいた。

そして、いま、私はまたまた、「ちょっと待って！」と言いたくなっている。新たに、皆さんに紹介したいのは「東海岸」である。

「東海岸」といえば、思い起こすのは、普通、アメリカの東海岸ではないだろうか。もちろん、私が書くのはアメリカではない。台湾の東海岸である。

「台湾の東海岸に何があるの？」という反応は当たり前かもしれない。台湾といえば、台北、高雄、台南、台中などの都市が日本人観光客の訪れる場所であるが、どれも台湾の西海岸である。

「台湾の東海岸に行ってきた」などと自慢する人には、あまり出会ったことはない。

台湾では、なぜだか「西海岸」という言い方は存在しない。しかし、みんな「東海岸」という言葉を使う。台湾人にとっても、台北、高雄、台南などは都市ごとにカテゴライズされるが、東海岸の宜蘭や花蓮、台東は単体としては見てもらえず、まとめて「東」とくくられてしまっているのである。これは何となく日本でいえば「北陸」とか「瀬戸内」みたいな感覚かもしれない。

実は「東海岸」に明確な地理的定義があるわけではない。私はこの本で、北は基隆から南は台東までを書いている。南北およそ350キロもあり、台湾の右側半分に等しい広さを持ちながら、どちらかというとはみ出しっ子のような東海岸には、私も3年ぐらい前まであまりご縁がなかった。しかし、仕事や旅行で行く機会が増えてくるにつれて、一つの確信が心のなかにむくむくと芽生えてきた。

それは、「東海岸は、もう一つの台湾である」ということだ。

西の台湾といえば、小籠包、故宮、マッサージ、牛肉麵、台北101ビルといったところかもしれない。基本的には都会で、美味しく、格好よい、というイメージである。それはそれで楽しいし、気持ちいいし、満足できるものだ。

東海岸にはそうしたものはあまりない。田舎かもしれない。美味しい店を探すのも簡単ではない。交通手段も台北ほどは便利ではない。だが、そうしたマイナスを補ってあまりある「何か」すごいものが、東海岸にはあるのである。

一言で説明することはとても難しいのだけれど、強いて言うなら、「癒し」と「学び」がそこにある、と私は考えている。

「癒し」といっても「2時間のエステで肌がつるつる」というのではなく、もうちょっと魂の何かに深く触れるものだ。そして、台湾とは、本来、日本人にとって、そういう意味を持つ土地なのではないだろうか。台湾と日本は50年間の統治時代には一緒であったが、日本の敗戦で日本人は台湾から去った。しかし、心と心の絆は続いていた。そんな物語が、東海岸にはたくさんある。

よく台湾は多元的な文化を持っている場所だと言われる。それは、漢民族の文化以外に、先住民の文化があるからだが、台北にいても先住民のことを知る機会は少ない。せいぜい、観光用に仕立てられた踊りを見るぐらいだろう。しかし、先住民の文化や伝統がどれだけ深い智慧に支えられているかは、東海岸を旅すれば、どこかで目撃できるかもしれない。

かき氷など台湾スイーツの味も、過剰にサービス精神が発揮されて盛りだくさんになっている西海岸のものより、東海岸のほうが素朴で、素材の味も楽しめるので好きである。料理も、時々、漫画にあるように「目の玉が飛び出る」ぐらいの美味しさにぶちあたることもある。

そして、何より、東海岸の人たちは、限りなく、台湾的な優しさと穏やかさに満ち溢れている。最近台湾を訪れた中国人観光客が台湾を評するとき、「台湾で一番美しい風景は人だ」という言い方をしているらしい。ぴったりの表現ではないかと思う。東海岸には、こうした素敵な台湾人がたくさんいて、彼らとの出会いに満ちているのだ。その笑顔は、言葉が通じなくても、皆さんの心をきっと癒してくれるに違いない。

そしてまた、東海岸は「学び」の素材にこと欠かない場所である。

台湾の歴史は、先住民から始まった。台北にいると、どうしても漢民族の歴史観が中心になってしまうが、台湾で最初に暮らし始めたのは彼らだった。そこに漢民族が現れ、日本が統治し、中国から国民党がやってきた。そのなかで、彼らの立場からみた台湾の歴史に触れることは、また一つ、異なる面での台湾理解につながることは間違いない。

日本統治時代、多くの日本人が東海岸に入植したこともあまり知られていない。東海岸には、日本時代の住居や神社が数多く残っている。「豊田村」「林田村」といった日本的な地名も少なくない。台湾を統治した日本の50年という時間を、最も深く体感できるのは東海岸だろう。

東海岸は「癒し」と「学び」の地だと書いた。1週間ぐらいの夏休みや冬休みを使って、花蓮から台東まで、自転車やバスでゆっくりと時間をかけて旅をしてみるのもいい。台北からバスやタクシーで1時間ほどの宜蘭を訪れて、数日、温泉と海鮮をたっぷり濃密に楽しんでみるのもいい。基隆の港の周辺をぐるりと散策して夜市でお腹いっぱい食べてもいい。私の父親の一族と深い関わりがある九份を訪れて、その歴史に触れていただくのも嬉しい。

いま、台湾の人たちの間でも東海岸の旅がブームになりつつある。夏休みや冬休みを利用し、自然豊かな東海岸でゆったりと過ごすのが心地よいと、台湾の人は口々に言っている。交通や宿泊もどんどん便利になっている。日本人も乗り遅れてはもったいない。百聞は一見に如かず。でも、まずは、この本で、私と一緒に東海岸の魅力に触れてみてほしい。

目次

＊本文中の固有名詞の読み方は原則として中国語の発音に基づくが、一部は現地で使われる台湾語の発音を用いた。また、価格などの情報は2016年9月現在のものとし、1元≒3・2円で換算している。

【情報頁の記号】

電話＝☎　営業時間＝営　休業日＝休　フェイスブックあり＝f
おすすめ温泉＝♨　スポット＝📷　食べどころ＝🍽　🎁＝ショップ　H＝宿

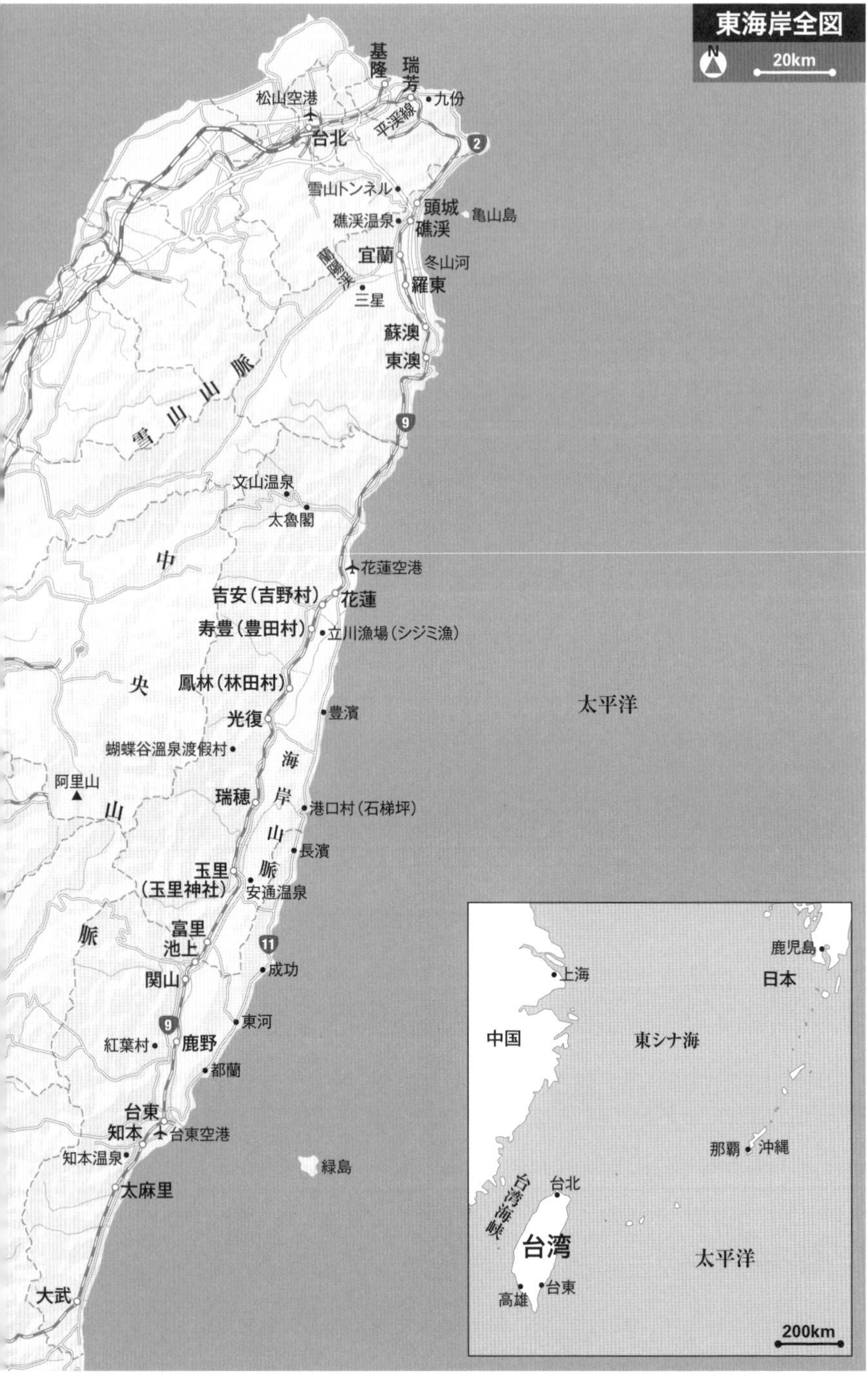
東海岸全図
N
20km
基隆
瑞芳
九份
松山空港
平渓線
台北
2
雪山トンネル
頭城
亀山島
礁渓温泉
礁渓
宜蘭
冬山河
蘭陽渓
羅東
三星
蘇澳
東澳
雪山山脈
9
文山温泉
太魯閣
中
花蓮空港
吉安（吉野村）
花蓮
寿豊（豊田村）
立川漁場（シジミ漁）
央
鳳林（林田村）
太平洋
光復
豊濱
蝴蝶谷温泉渡假村
海
阿里山
瑞穂
岸
港口村（石梯坪）
山
山
長濱
脈
玉里
（玉里神社）
安通温泉
脈
富里
池上
11
成功
関山
東河
9
紅葉村
鹿野
都蘭
台東
知本
台東空港
知本温泉
緑島
太麻里
大武
上海
鹿児島
日本
中国
東シナ海
那覇
沖縄
台北
台湾海峡
台湾
太平洋
高雄
台東
200km

第一章

台湾でいちばん天国に近い場所　台東

原点に戻る場所——太麻里《タイマーリー》

長大な東海岸のなかで、日本人にとっても、台湾人にとっても、最も知識が乏しいのがいちばん南にある「台東《タイトン》」だ。名物の料理はなんだろうか、台北からどれくらいの時間で行けるのか、温泉はあるのか……。以前は私も何ひとつイメージが湧かなかった。親戚も、友人もいないから、なかなか行く理由もない。子供のときに訪れた記憶もない。

きっかけは、以前、台湾で本を出版したときに一緒に仕事をした聯経出版の発行人・林載爵《リンタイチュエ》さんが、私に会うたびに、呪文のように唱える言葉だった。

「台東《タイトン》、好美《ハオメイ》、好棒《ハオバン》（台東は、美しくて、素晴らしい）」

聯経出版は台北にある。林載爵さんは台北に住んでいるが、台東に別宅を持ち、週末になると台北―台東間を往復する生活を送っている。社員によれば、いつもは落ち着いた文化人風の林載爵さんが、金曜日の午後、台東行きの列車に乗る時間が近づくとそわそわし始める。台東から戻ってくる月曜は、少し浅黒くなった顔に満面の笑みを浮かべて実に晴れ晴れとしているそうだ。

年に数回しか顔を合わせる機会はないが、台東が林載爵さんの活力の源になっていることがわかる。そんなにいい所なのだろうか……。それが、初めて台東に興味を持つきっかけだった。

台湾の本屋に並んでいる東海岸に関する書籍は、台北、高雄、台南といった西側の都市に比べてかなり少ないが、あるとき、一冊の本のきれいな表紙が目に留まった。

一人の女性が背中を向けて道路に佇んでいる。地面から空へと続くブルーのグラデーションが美しい。『我的台東夢《ウォートータイトンモン》（私の台東夢）』というタイトルにぴったりの、何とも言えない幻想的な写真だ。著者の徐璐《シュイルー》さんは著名な女性ジャーナリストで、ラジオ番組を立ち上げ、テレビ局の総経理（社長）を務めるなど、いわゆるバリバリのキャリアウーマンとして活躍してきた。その彼女が、突然全ての仕事を辞め、台東に移住することを決めた。周囲の誰もがあっけにとられたという。

本を開くと、台東の入江に打ちよせる波、田んぼのあぜ道、山にかかる雲など大自然の写真と共に、台東に惹かれていった理由が描かれている。

「人生は奇妙なもので、必ず原点に戻るサークルのようなものだ。どれだけ遠くに離れても、どれほど高いところまで登り詰めても、自分を追い求める人は、いつかその原点に戻ってくる」

ハイヒールを履き、様々な公式の場に出席して文化人として発言をしてきたが、彼女はいつも「居心地が悪い」と感じていたそうだ。最近は表舞台に立つことを減らし、台風で災害にあった台東の村の再建に力を注ぐ。台東市内の「鐵花村《ティエホワツン》」という先住民族の音楽や芸術が楽しめるアートスペースの整備に関わるなど、別の形で、台東の文化を発信し始めた。徐璐さんは自分の原点を台東に見いだし、第二の人生をスタートさせたのである。

本の中の大自然を強調する写真は、概して生命力に溢れ、徐璐さんのキャラクターである力強さを優しく包み込むような、静かで、心地よいものばかりだった。台東の魅力は、そんな懐の深さにある。写真と徐璐さんの文章が見事にマッチし、改めて台東に心動かされる自分を感じた。

行こうと思い立って台東県の地図を見て、あ然とした。広い。東海岸に沿って這うように伸びている。原生林の山々が連なる内陸地へも奥行きが広がる。南北の端から端まで約160キロもある。東京から静岡までの距離だ。面積は花蓮県、南投県に次いで台湾で3番目に広くて、人口密度は台湾一低い。広大で寂寞としたイメージ。少し不安になる。

台東への行き方は大きく分けて空路と陸路の2通りある。

空路は台北・松山空港から国内線で台東空港まで約1時間。陸路は車やバス、鉄道がある。時間に余裕があるなら、海岸線と田園風景を楽しめる鉄道の旅が圧倒的な人気だ。

以前、台北―台東間の鉄道所要時間は6時間に達した。しかし、2014年6月に花蓮―台東を結ぶ台東線が電化され、高速列車のプユマ号が運行されるようになり、3時間半で到着できるようになったため、旅行者にとっても台東旅行がぐっと現実的な選択肢となった。私は、新しもの好きなので、プユマ号にチャレンジすることにした。

全席指定席のプユマ号の乗車券はネットで2週間前から予約できるが、台湾人の間では「一票難求（プラチナチケット）」と言われるほど入手しにくい。「土曜日の列車に乗りたければ、その2週間前の金曜日の夜11時50分から、パソコンを開いてスタンバイしないとだめだ」という林戴爵さんのアドバイスを思い出して眠い目をこすりながらパソコンに奮闘した。

なんとかチケットを確保し、プユマ号に乗ると、驚いたのはそのデザインだった。台湾鉄道の車輛の多くは、横長の座席が向かい合わせに並ぶ構造だったが、プユマ号は全く違う。

台湾鉄道が日本の「日本車輛製造」に発注し、愛知県の豊川製作所で造られ、名古屋港から運ばれたメイド・イン・ジャパンの車輌だ。なんでも、「空気バネ式車体傾斜装置」を備えているため、カーブの多い東海岸線を、乗り心地を損なわず高速走行できるのだという。

白地に赤のラインが入ったデザインは、正面からみると、白い体に赤い顔をした鴨の一種である野バリケン（別名：タイワンアヒル）に似ていることから、中国語で「紅面番鴨《ホンミエンファンヤー》」とも呼ばれている。座席も赤を基調とし、全体的に中華っぽい。リクライニングシートで、枕も上下に移動できるから、飛行機のビジネスクラスのような快適さだ。お弁当が買える車内販売もある。

台北を出発して東海岸側に出てから花蓮までの風景は、海岸に近いせいか、江ノ島電鉄や伊豆急行線に乗ったときを思い起こさせる。民家が見えたと思えば、手が届きそうなくらい海がギリギリまで迫ってくる。長い橋をいくつも越え、山の景色の合間に見え隠れする畑などの田園風景を楽しみながら、台東に近づいて行く。

あっという間の3時間半の旅だった。最初に向かったのは、私に台東との縁を作ってくれた林戴爵さんの別宅。台東駅から車でさらに26キロ南に下った「太麻里」というところにある。海岸線より少し離れた山の中腹に建ち、ギリシャのエーゲ海沿いの白い家のようだった。

太麻里は先住民パイワン族が多く住む

大人気のプユマ号はインパクトのある赤い顔がかわいらしい。

地域で、パイワン語の「太陽が照りつける肥沃の土地」という意味がある。台湾で最初に日の出を見られることから、この地で新年を迎える人も多い。

　ガラス張りのリビングから眼下に広がる景色のすべてが、最高の借景となっている。朝、幾重にも重なる雲をかき分けながら、まんまるの太陽が顔を出す。曙色に染まりはじめる大海原はどこまでも静かだ。数時間後には、うだるような熱気に変わる風もまだひんやりとしている。聞き慣れない鳥のさえずりが家の周囲を包み込む。

　短パンにTシャツ姿で過ごす林戴爵さんに、台北にいるときのような緊張感は見られない。建物の後ろには果樹園が広がっている。持って来てくれたもぎたてのパパイヤの鮮やかな橙色と大きさに驚いた。豊かな甘味が口一杯に広がる。この大自然に抱かれて育つ果物は、果物というよりも「幸物」という形容がふさわしい。

　林戴爵さんは、ここ太麻里で生まれ育った。

　太麻里一帯は、「台東三寶《タイトンサンパオ》（台東の3つの宝物）」と言われる釈迦頭《シッキャタオ》（バンレイシ）や金針花《チンチェンホワ》（ワスレグサ）、洛神花《ルオシンホワ》（ハイビスカス）が収穫されることでも有名だ。8月から10月にかけての「太麻里金針山《タイマーリーチンチェンシャン》」には、一面にオレンジ色の金針花が咲き乱れ、山間地特有の濃霧がかかる様は、まるで桃源郷のように幻想的だ。

眼下には太平洋、背後には果樹園が広がる林戴爵さんのセカンドハウス。

台東にセカンドハウスを持つようになった林戴爵さん。自分の生まれ育った原点の地で、充実した後半生を過ごそうとしている。

雄大な自然に囲まれた台東は、「好山《ハオサン》、好水《ハオショイ》、好無聊《ハオウーリアオ》（山も水もきれいだが、つまらない）」と比喩されることが多い。それでも、多くの人が原点に戻ろうとして、台東にたどり着いているような気がする。「つまらない」という言葉は、台東にとっての褒め言葉でもある。日常を、人生を、ありのままに生きるため、戻ってみたくなる優しい場所が台東なのかもしれない。

♨ 太麻里城堡溫泉會館
台東県太麻里郷金崙村温泉 7-2 号
☎ 089-772189

♨ 一田屋溫泉小旅店
台東県太麻里郷金崙村温泉 34-5 号
☎ 089-772289
http://www.itw.url.tw/
自家源泉のある民宿。

見た目が美しく、食べてもおいしい金針花。附近では天ぷらやスープにしたものが売られている。

変化する古い街——台東市

台東県は南北に縦長なので県内のどこに行くかで、北側の花蓮県や南側の屏東県など周辺地域から向かった方が早いときもある。ただ、初心者には、とりあえず、台東市の空の玄関口「台東空港」と鉄道の「台東駅」が、台東に第一歩を踏み入れる近道になるだろう。

繁華街のたいていの見どころやお店は、大体半径1キロ圏内に納まる。ただ、日本の何倍も強い日射しが照りつけるので、歩き回るなら早朝か夕方以降をお勧めする。

ランドマークは台東市内の西側に横たわる高さ約75メートルの「鯉魚山《リーユイサン》」だ。鯉の形に似ているのでこの名前が付けられ、日本統治時代は台東神社が建てられた。登れば街を一望でき、神社の本殿跡地には戦後、殉職者を祀る「忠烈祠《チョンリエツー》」が建てられた。

この鯉魚山公園近くには、台東駅の旧駅舎が残されている。周囲は様々な芸術家の作品を展示する「鐵道藝術村《ティエダオイーシューツン》」として整備された。日本統治時代の防空壕や、機関車、車庫を見ながら、線路の上をトコトコとのんびり歩くのも気持ちいい。

一部の旧列車倉庫がライブハウスなどに改装され、先住民各部族の音楽発信地「鐵花村」として人気のスポットになった。台湾のミュージシャンには先住民が多い。彼らのパワフルで透明感のある歌声に癒される。出演アーティストの情報は随時ホームページで更新される。旅行の日程に合わせて訪れてみてはどうだろうか。ライトアップも美しいので、夕食後の散歩も楽しい。

台東はその昔「寶桑《パオサン》」と呼ばれていた。そのことを寶桑路《パオサンルー》のケーキ屋「帕堤思糕點工坊《パティースーガオティエンゴンファン》」のオーナー・黄美利《ホワンメイリー》さんに教わった。

緑と青の中間色であるターコイズブルーの大きなドアを押し開くと、ショーケースに並ぶ美味しそうなケーキが目に飛び込んでくる。日本の「ル・コルドン・ブルー」でケーキ作りを学び、店を持ったのは3年前。細くて、身長150センチくらいのとっても華奢な黄美利さんだが、店内を忙しく動き回り、来客と絶え間なく会話を楽しむ姿は、とにかくパワフルだ。笑顔が子供のように可愛らしい。不定期でケーキ教室を開き、現在は息子さんと一緒に店を切り盛りしている。

台東市内でいちばん美味しいと地元の人が太鼓判を押すほど、ケーキはどれも本格的。看板商品はレモンシフォンケーキで、アップルパイも捨て難い。甘党の私は、欲張って両方注文し、ペロッと胃袋に入れてしまった。

ところで、寶桑の名前の由来については諸説あるが、先住民最大部族・アミ族の言葉で「丘」という意味を持つ「Pusong」の音を漢字表記したという説が有力だ。それまで台湾の「後山《ホウサン》(開拓されていない場所)」と言われてきた東台湾だが、日本統治時代に入って、本格的な街作りが進み、戦前から戦後にかけて、最もにぎわったのが今日の「寶桑路」一帯だ。

寶桑路の南端は太平洋に繋がる。70年代以前は漁業に携わる人の多くがここに住み、通りには水揚げされた鮮魚を茹でて販売する人たちがいた。花蓮からは木材が台東の海岸沿いまで貨物用の軽便鉄道で運ばれ、木材加工店がいくつもできた。

当時、鉄道から降ろされた木材はさらに牛車に載せて運搬され、昼夜を通し、ノコギリや加工機器の音が鳴り響いて

古い建物をリノベしたおいしいレストランやカフェもたくさん誕生している「鐵花村」。

いたそうだ。寶桑路には、映画館もでき、かき氷や麺が食べられる屋台が立ち並び、夕方になれば歩くのがやっと、というくらい活気に溢れていたという。

「この辺りには、思い出がたくさんあるの」と語る黄美利さんの実家は、お店のすぐ近くにあった。時代の変化とともに、街の中心は旧台東駅周辺へと移動し、寶桑路から人通りが消えた。記憶に残っている華やかだった日々を懐かしそうに振り返っていた。

半分ほどはシャッター通りになった寶桑路だが、近年、昔の建造物を保存する動きも出ている。帕堤思糕點工坊の少し北側にあるカラフルな窓枠と木製のベンチがかわいらしい「享樂商號《シアンローシャンハオ》」は、古い家をリノベーションし、ベーグルやトーストといった軽食に、ケーキやアルコール類も提供するカフェだ。京都の町屋のように奥へと広がる空間は、本や手作りの雑貨なども展示されていて、ギャラリースペースもある。

アットホームな「帕堤思糕點工坊」のオーナー・黄美利さん親子。

仙草を食べるならとにかくここ「仙草屋」へ。

逆の帕堤思糕點工坊の南側には、生薬としても、スイーツの材料としても使われる「仙草《シエンツァオ》」の専門店「仙草屋《シエンツァオウー》」がある。仙草ゼリーを始め、仙草ケーキ、仙草アイス、仙草茶、仙草氷、ホット仙草……と、とにかく仙草尽くしだ。私みたいな仙草好きにはたまらない。ここの仙草はくせがなく、とっても美味しいので、ぜひお試しを。体の熱が取れるうえ、

（右）真っ黒なスープが味わい深い「瘦仔羊肉店」。（左）鰹節の香り高いスープがたまらない「榕樹下米苔目」。

滋養強壮にも効果がある。

甘い食べ物が続いたら、塩辛いものを口にしたい。向かいには、「瘦仔羊肉店《ショウヅァイヤンロウディエン》」という60年の老舗の羊肉専門店がある。朝早くからしっかりとお肉を食べて元気をつけたい人にピッタリだ。オーナーが毎朝、店先で丁寧に羊肉を骨から切り離す。腸や腎臓、心臓などは新鮮だからこそ食べられる珍しい部位だ。煮込んだ羊は薬膳スープに入るので、臭みも気にならない。

再び南下すると、瘦仔羊肉店と同じ側に、黄色地に青色と赤色で「寶桑小吃蚵嗲《パオサンシアオチーオーディエ》」とひと際目をひく看板がある。「蚵嗲」とは、小粒の牡蠣と野菜に衣をつけ、油であげたもので、なかはジューシー、外はカリッ。小腹が空いたときにちょうどいいスナックだ。特製ダレをつけて食べるので、日本の天ぷらとはちょっと違う味がする。開店と同時に長蛇の列がいつもできる人気店。具材には、牡蠣以外に、豚肉やイカ、サツマイモなどもある。1つ25元以下というお手軽さも良い。

お腹が一杯になったら「寶町藝文中心《パオティンイーウェンチョンシン》」を散策するのはどうだろうか。1936年に建てられた日本統治時代の官舎群の一部をリノベーションしたものだ。戦後長い間、空き家のまま放置されていたものが、２０００年に修復計画が持ち上がり、いまは台東市政資料館やギャラリーとなっている。寶町藝文中心の奥にはいまだ民家として使っている建物もある。

少し旧台東駅側に戻ると、大同路と正気路一帯に美味しい小吃の店が集中している。

大同路には、米粉から作ったツルツルモチモチとしたうどんのような食感の「米苔目《ミータイムー》」のお店「榕樹下米苔目《ロンシューシアミータイムー》」と「老東台米苔目《ラオトンタイミータイムー》」がある。両店ともに50年以上の老舗で、鰹だしのスープが日本人の口にピッタリ合う。優しい関西の白だしのきしめんを思い出す。メニューは両店とも似ていて、味も甲乙つけ難い。営業時間や行列の出来具合で入る店を決めればいい。近くには大学芋や芋チップス、焼き芋といったお芋を専門とした人気店「楊記家傳地瓜專賣店《ヤンヂーチアチョワンディグアチョワンマイディエン》」もある。

正気路には20軒以上のフルーツ屋が並び、別名「水果街《ショイグオチエ》（フルーツ街）」とも呼ばれている。白玉の名店「寶桑湯圓《パオサンタンユアン》」には冷たいかき氷や温かいお汁粉もあり、開店と同時に長蛇の行列ができる。臭豆腐の名店「林家臭豆腐《リンチアチョウドウフー》」もある。「臭豆腐」という名前だけ見て食わず嫌いの人も多いと思うが、騙されたと思ってぜひ食べてもらいたい。ひと口サイズの臭豆腐に臭さはあまりなく、ちょっと中華風の厚揚げのようでサクサクとしていて美味しい。

帆船に使う厚手の布を用いた帆布バッグのお店「台東帆布《タイトンファンブー》」と「東昌帆布《トンチャンファンブー》」もお勧めしたい。先代同士が兄弟でそれぞれ開いたお店は、ストライプ模様の帆布を中心に、いろんなサイズのバッグが手に入る。なんでも「台東のルイ・ヴィトン」と呼ぶ人もいるぐらい人気らしい。

大型テーマパークとしては、新石器時代の遺跡で台湾考古学史上最大の発見とされる台湾初の遺跡「卑南文化公園《ペイナンウェンホワゴンユワン》」と、１９１３年に建てられた台東最大の産業遺跡「臺東糖廠文化創《タイトンタンチャンウェンホワチョワン》意園區《イーユアンチュイ》」がある。卑南文化公園は現在の台東駅に近く、今も遺跡の発掘作業が続けられているので、考古学に興味のある人にはたまらない場所だ。臺東糖廠文化創意園區には鐵花村から線路をずっと西北に上がっていくとたどりつく。日本統治時代の製糖工場の倉庫では、先住民が作るトンボ玉や流木の家具を展示販売している。おすすめはカフェレストランの「萬富商號《ワンフーシャンハオ》」だ。2階にはテラスがあり、線路や田園風景が一望でき、座ったら離れたくなくなる場所だ。

市内の宿泊は中型のビジネスホテルか民宿の利用が一般的だ。しかし、私は個性的なところに泊まってみたかったので、市内から車で15分ほどの民宿「飛碟屋《フェイディエウー》」を予約した。

飛碟とはUFOのことで、地震の揺れを全て吸収できる壊れない建築を目指して考案されたログハウスの建物を使っている。本当に空中に浮かんだUFOのようで、初めて見たときは驚いた。部屋は4人部屋と2人部屋が2つずつあるが、泊まったときは他のお客さんがいなかったので、貸切状態だった。手入れの行き届いた広い庭もあり、ちょっと他では味わえない宿泊体験になる。市街の方が便利でいいという人は、同じ経営者が旧台東駅線路沿いに開いた民宿「鐵道村《ティエダオツン》」がある。コンパクトだが、清潔感があってよい。

ほかの地方都市に比べ、台東市は観光資源が乏しいと言われてきたが、近年、四維路にある日本統治時代の台東高等女学校の教員宿舎などを文化財に登録し、修復を行なって観光化を図るなど、古い街に新しい風が吹きこまれつつある。自転車も市内で手軽に借りられるので、生まれ変わる途中にある街をのんびりと回ってみてほしい。

❶鯉魚山（忠烈祠）
台東市博愛路 506 号 ☎ 089-324437
㊢ 5:00~20:00
http://066823369.tw.tranews.com

❷鐵道藝術村
台東市鉄花路 369 号 ☎ 089-320378

❸鐵花村
台東市新生路 135 巷 26 号 ☎ 089-343393
http://www.tiehua.com.tw

❹帕堤思糕點工坊
台東市寶桑路 172 号 ☎ 089-343484
㊢ 水~日 13:00~21:00 ㊡ 月・火曜日

❺享樂商號
台東市寶桑路 188 号 ☎ 089-331180
㊢ 平日 15:30~23:00
土・日 9:00~13:00/15:30~23:00
㊡ 水曜日

❻仙草屋
台東市寶桑路 148 号 ☎ 089-323313
㊢ 16:30~23:00 ㊡ 無休

❼寶桑小吃蚵嗲
台東市寶桑路 135 号
㊢ 14:30~18:30 ㊡ 無休

❽瘦仔羊肉店
台東市寶桑路 189 号 ☎ 0933-370-443
㊢ 6:30~13:30 ㊡ 無休

❾寶町藝文中心
台東市中山路 182 号 ☎ 089-340407
㊢ 9:00~12:00/14:00~17:00
㊡ 月曜日・正月・端午節・中秋節

❿老東台米苔目
台東市大同路 151 号 ☎ 089-348952
㊢ 11:00~22:00

⓫榕樹下米苔目
台東市大同路 176 号 ☎ 0963-148-519
㊢ 9:30~15:00/17:00~20:00
㊡ 隔週水・木曜日

⓬楊記家傳地瓜專賣店
台東市大同路 149-1 号 ☎ 089-335818
㊢ 10:00~ 売り切れまで ㊡ 無休
http://www.yangpotato.com

⓭寶桑湯圓
台東市正気路189号 ☎ 089-328888
㊢ 14:30 ~ 23:00

⓮林家臭豆腐
台東市正気路 130 号 ☎ 0928-788-238
㊢ 月~金 14:00 ~ 22:30/ 土・日 12:00 ~ 22:30

⓯台東帆布
台東市正気路 202 号 ☎ 089-322915
㊢ 9:00 ~ 21:00 ㊡ 日曜日

⓰東昌帆布
台東市正気路 192 号 ☎ 089-322678
㊢ 9:00 ~ 21:00 ㊡ 日曜日

⓱卑南文化公園
台東市南王里文化公園路 200 号
☎ 089-233466
㊢ 9:00 ~ 17:00 ㊡ 月曜日・大晦日・正月

⓲臺東糖廠文化創意園區
台東市中興路 2 段 191 号 ☎ 089-227720
㊢ 各店舗により異なる

⓳萬富商號
台東市中興路 2 段 191 号
☎ 089-233590
㊢ 11:30 ~ 21:00 ㊡ 水曜日

⓴飛碟屋
台東市成都南路 424 巷 29 号
☎ 0919-873-298
http://www.ufo29.idv.tw

㉑鐵道村
台東市新生路 359 号 ☎ 0937-397-551
http://www.ufo29.idv.tw

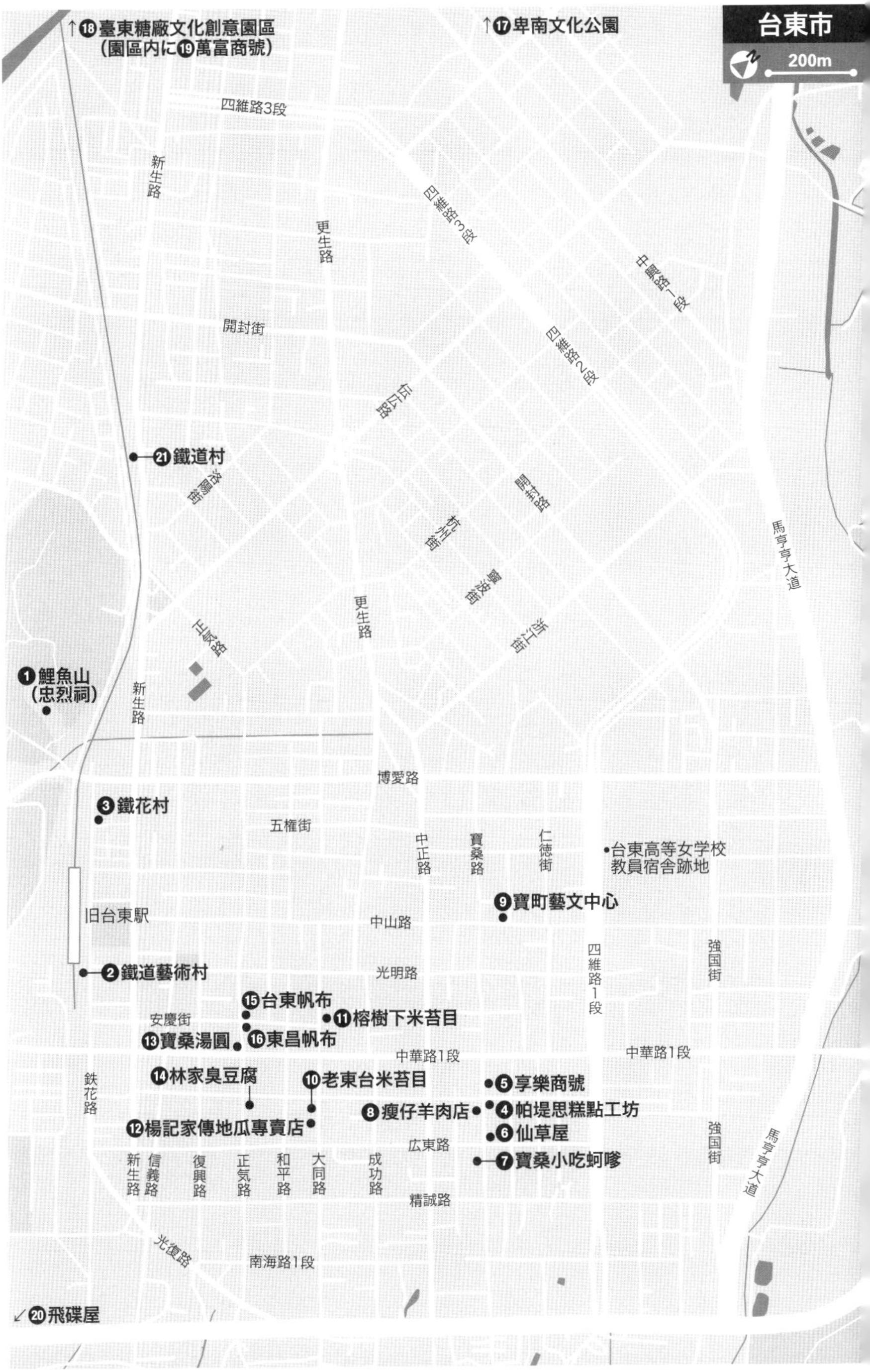

台東市
200m
↑⑱臺東糖廠文化創意園區
(園區内に⑲萬富商號)
↑⑰卑南文化公園
四維路3段
新生路
更生路
四維路3段
中興路一段
開封街
四維路2段
伍伍路
㉑鐵道村
洛陽街
杭州街
寧波街
更生路
浙江街
比原路
①鯉魚山
(忠烈祠)
新生路
馬亨亨大道
博愛路
③鐵花村
五權街
中正路
寶桑路
仁徳街
•台東高等女学校
教員宿舍跡地
⑨寶町藝文中心
旧台東駅
中山路
四維路1段
強国街
②鐵道藝術村
光明路
⑮台東帆布
⑪榕樹下米苔目
安慶街
⑬寶桑湯圓
⑯東昌帆布
中華路1段
中華路1段
鉄花路
⑭林家臭豆腐
⑩老東台米苔目
⑤享樂商號
⑧瘦仔羊肉店
④帕堤思糕點工坊
⑫楊記家傳地瓜専賣店
⑥仙草屋
広東路
強国街
⑦寶桑小吃蚵嗲
新生路
信義路
復興路
正気路
和平路
大同路
成功路
精誠路
馬亨亨大道
光復路
南海路1段
↙⑳飛碟屋

足裏のゴッドハンド——長《チャン》濱《ピン》

台湾に行くと、必ず足裏マッサージを受ける。ベタだけれどもこれは外せない。

足湯に浸かった後、足裏と関連臓器をマッピングした足裏の地図を手渡され、痛さに顔をしかめれば、すかさずその部位を指差され、「目、疲れたね」「胃悪いね」などと指摘される。悶絶すること約1時間。下半身の疲れがきれいに消えて、靴を履くと足がちょっと小さくなっている。

台北市内にはいくつか足裏店が密集する激戦区がある。中山北路にある「リージェント台北」の裏手や若者が集まる「西門町」、道教寺院の「行天宮」周囲などがそうだが、私の行きつけは、台北駅の真横のビル内に店を構える「知足《ツーツー》健康《チアンカン》」というお店である。

施術してくれるのは、足ツボ歴40年の謝武夫《シエウーフー》さんや奥さんの陳選《チエンシュワン》さん、娘の謝孟純《シエモンチュン》さんたちだ。ほかのスタッフも全員身内。日本語の通じる足裏店として多くの日本メディアで紹介されている。店のアットホームな雰囲気が気に入り、通い始めて10年近くになる。

特に謝孟純さんとは年齢が近いせいもあり、気兼ねなく何でも話せる。マッサージを受けながら、今度台東に遊びに行くことを告げると、「台東なら呉神父《ウーシェンフー》がいるところね」と言い出した。

謝孟純さんの父・謝武夫さんは、呉神父の初期の弟子だった。確かに、店内の世界地図のように色分けされた足裏マップの片隅に「呉神父」と表記されているのを何度も見ている。

「呉神父」は足裏マッサージの「創設者」である。実際にキリスト教カトリックの神父らしく、スイス人だという。

てっきりすでに亡くなっている伝説上の人物かと思いきや、まだご存命とは。しかも神父として台東にいるという。会ってみたくなり、連絡先を謝孟純さんに教わった。

呉神父のいる「長濱」は、台東県の最北端、花蓮県との県境に位置する人口７０００人あまりの集落だ。台東市から行っても、花蓮市から行っても車でたっぷり2時間かかる。町の片隅の小さなカトリック教会で「歡迎《ホワンイン》（いらっしゃい）」と流暢な中国語で迎えてくれた。こんな場所にスイス人の足裏マスター。台東はあなどれない。

本名はJosef Eugster、台湾での中国語名は「呉若石《ウールオシー》」。若石流という足裏の流派の名前の由来にもなっている。母国語のドイツ語や英語に加え、中国語、台湾語、先住民族語のアミ語を覚え、近隣の８つの教会を神父として掛け持ちしているから大忙しだ。訪れたときも、ひっきりなしに近隣の住人たちが呉神父を訪ねて教会に現れた。

呉神父は１９７０年に布教のために台湾に定住した。布教と足裏マッサージの関連性がよく分からずに首をかしげる私に、年季の入った赤いカバーの本を持って来てくれた。

『GESUND IN DIE ZUKUNFT（未来の健康）』

ドイツ語の足裏健康法の本だ。足の絵が描かれ、一つひとつの「反射区」に番号がふられ、体との関連性が事細かに記

呉神父の足裏マッサージの技術をマスターした人たちに施術してもらう観光客。

されている。「反射区」とは、体や内臓につながる抹梢神経が集中している場所のことだ。

約38年前、呉神父は突然ひどい関節リウマチを患った。スイス人で看護師だった同僚の神父からこの本を渡され、来る日も来る日も本に従って自分の足裏を揉んだ。約2カ月で痛みが完全になくなった。

呉神父は地元の村民に布教のかたわら、自分の体で覚えたマッサージを施した。医療施設の貧弱な山村で呉神父の「治療」は歓迎され、「奇跡だ」と評判が広がった。

足裏に対する熱い思いを語る呉神父。

呉神父が関節リウマチに悩まされたほぼ同時期、台北在住の音楽教師・鄭英吉《チョンインジー》さんは、胃潰瘍を患い、足裏が繰り返し腫れていた。鄭英吉さんは腫れた足裏をマッサージすると胃潰瘍の再発が治まったことから、足裏に興味を持ち始めた。台東で足裏について研究をし始めた呉神父のことを伝え聞き、会いに行って意気投合。二人三脚の足裏研究が始まった。呉神父の西洋の技術と、鄭英吉さんの東洋の陰陽五行。欧米と中華の合体で、台湾式足裏理論が開発された。

「多くの人の関心は健康です。布教に行っても『神父さん、頭が痛い』とか『腕が上がらない』と最初に聞かされる。私は医者ではないが、体の問題が解決されれば、心のケアもうまくいき、神の教えも受け入れやすくなると考えました」（呉神父）

呉神父の「治療」の評判は、台東の片田舎から、台湾全土に瞬く間に広まったが、1985年に衛生署（衛生省）から「科学的根拠がない」と禁止されてしまった。呉神父は謝東閔《シエトンミン》元副総統に面会して足裏マッサージの安全性や効果を直訴し、禁止は撤回された。

「足裏は体の縮図で、人体の神秘なのです」

呉神父は鄭英吉さんと共同で足裏の反射区について新説を含めてまとめた『呉神父足部健康法』という本を発表した。この本は足裏バイブルとして世界数十カ国で翻訳出版されている。

足裏マッサージはアジアを中心に世界に広がり、呉神父は足裏の「伝道師」として講演や研修で世界を飛び回る日も多い。8年前には故郷のスイスでも紹介され、定期的に講演を行っている。

呉神父生活館
台東県長濱郷長濱村長光 58-1 号
☎ 089-832289
営 8:30 ~ 18:00

長濱天主堂
台東県長濱郷長濱村 13 鄰 258 号
☎ 089-831428

大胖子柴魚專賣店
台東県成功鎮忠智里五権路 59 号
☎ 089-851006
営 8:00 ~ 22:00
水産加工品のお店。

大慶柴魚食品
台東県成功鎮中山路 62 号
☎ 089-851133
営 8:00 ~ 21:00
http://www.dachin1985.com.tw/zh/product.html
水産加工品のお店。

クリアなスープに鮮魚の香りが広がる「鮮魚湯」。

村の教会では予約制で庭に簡易イスを出して、露天の足裏サービスが行われる。呉神父だけでなく、神父から手ほどきをうけた教会の若者がもみ手になる。

「要享受嗎《ヤオシアンショウマー》？（気持ちいいことしませんか？）」

足裏マッサージの体験を呉神父が勧めてくれた。どこまでも青く広がる空を見ながら、呉神父の直弟子であるベトナムから村に嫁いできた女性からマッサージを受けていると、気持ち良すぎて睡魔が襲ってきた。

「足をもむ行為は古代エジプトの絵画や中国の古典でも描かれており、長い歴史のある健康法。急速な普及は人々の評価の表れです。足裏マッサージは多くの人が研究し、今は私よりも上手な人は大勢います。私の本業は神父で、足裏マッサージは布教への足がかり。人々の体を治し、そして最後には心を治します」

帰り道、呉神父が教会からほど近い「呉神父生活館《ウーシェンフーションフォゴワン》」を案内してくれた。海辺のすぐ横に、2年ほど前に建てられた建物は、雑貨を売るスペースと、足裏マッサージのスペースとに分かれていて、呉神父も頻繁に顔を出す。近い将来には、ガンや心のケアが必要な人たちが通える施設もできるそうだ。足裏マッサージは、村の雇用機会を高め、人々の生活を安定させている。

きれいな空気、気軽に登れる山も泳げる場所もある長濱を「故郷に似ていて、私のリトルスイスだ」と、76歳になる呉神父は評した。いまもスクーターにまたがり颯爽と教会に通っている。

長濱から台東に帰る途中、成功漁港に寄り道した。私は漁港訪問が好きだ。幼少期を海に囲まれた台湾で育ったせいか、やけに漁港に心惹かれる。大好きな海鮮を思う存分食べられ、ギョッとする面持ちの魚や、とんでもなくすっとぼけた顔の魚などを見られるから楽しい。

台東県の北部にある成功漁港は、東台湾最大の漁港。一般的な近海魚以外にも、黒潮に乗ってやってくるマグロやカジキマグロ、カツオのような大型の魚も水揚げされる。

午後の競りには観光客も見物に訪れる。競りはまず小型の魚から始まり、その後、大型の魚が登場する。水揚げされた魚が種類ごとに計量器の前に運ばれ、重さが量られる。奥の人だかりで競りが行われ、値がついた魚の上には、店名と数字が書かれた紙が置かれていく。

地面はかなり水浸しで、靴の具合が気になっている私に、１００キロは超えるかと思われるサメを抱えた2人のおじさんが、「沒用《メイヨン》（気にしても意味ないよ）」と言いながら笑って通り過ぎて行った。ぼんやりしていると「危ないよ」などと怒られてしまう日本の築地市場などと比べても、かなり開放的でのんびりした雰囲気がいい。

外見がイカのような形でくちばしが異様に長いピンクの魚や、熱帯魚のように鮮やかな黄色をした魚など、名前が全くわからないものも多い。目立ったのは、頭をぶつけたみたいに頭頂部が膨れた受け口の魚だ。腹部は金色に光り、体長は1メートルくらいだろうか。市場内の人に聞くと「鬼頭刀魚《コイトウダオユイ》」だと教えてくれた。見た目通りの名前で少しかわいそうになった。鬼頭刀魚は日本でシイラと呼ばれ、滅多に見かけないが、ハワイではマヒマヒの名でよく食べられている。

漁港の周辺には、今日獲れた魚を食べさせてくれるお店がたくさんあり、「大目鰱（アカメダイ）」という赤い魚の「鮮魚湯（魚スープ）」を注文した。身は繊細でやわらかく、スープに素材の味が活かされてとても美味しい。台湾の漁港はこうやって気軽に調理してくれるお店があるから嬉しい。気がつけば、あっという間に2時間が経っていた。やっぱり漁港は楽しい。

サイクリング＋お弁当――関山《コワンシャン》・池上《チーシャン》

頭のなかで、突然、歌のメロディーが鳴り始めた。

みどりの風もさわやかに　にぎるハンドル心も軽く
サイクリング　サイクリング　ヤッホーヤッホー　〜♪
（『青春サイクリング』小坂一也）

この日私は、台東の関山にある「關山環鎮自行車道」でペダルを漕いでいた。生暖かい風を全身に受けながら、思わず「サイクリング、サイクリング」と口ずさむ。自分は昭和世代なのだなと実感する。

台東の北部にある関山は、肥沃な平原と、豊富な雨量に恵まれた台湾屈指の穀倉地帯だ。毎年1月中旬ごろには菜の花畑となり、辺り一面が黄色の絨毯に覆い尽くされる。田植えが始まると緑の面積が増え始め、その色は日ごとに深まる。やがて太陽の光を受け、風に頭をなでられた稲穂がビロードのような重厚感のあるうねりとなって輝く。

美しい大自然を堪能するには、自転車がいちばんだ。車では見落としてしまう景色に、自転車だと気がつくことができる。

関山には自転車を貸し出すショップがいくつもあるが、私は「捷安特關山站（ジャイアント関山ステーション）」で借りた。日本統治時代に建てられた旧関山駅舎を改築し、２００８年、台湾の自転車メーカー・ジャイアントがレンタサイクルの営業を始めた。１９１９年にできた駅舎は、19世紀のフランスの公共建築によく用いられたマンサード屋根を持つ建物だ。薄ピンクの壁に緑色の屋根が可愛らしい、パリのオシャレなアパルトマンみたいだ。

子供用から大人用までのマウンテンバイクやクロスバイクが並び、ヘルメットやサイクルウェアなども取り揃え、シャワー室まで完備している。

グリーンに映えそうな黄色の自転車を選び、ペダルを踏む足に力を込めた。

關山環鎮自行車道は、名前の通り、関山を環状に回る台湾初の自転車道のことを指す。1周12キロ。1時間ちょっとで回れるお手軽なコースだ。

関山の中心部から自転車で3分ほど東に向かうと、コースの入り口がある。地図を持たなくても、随所に親切な道路標識が立っているので大丈夫。

傾斜のゆるいコースを反時計回りに進むと、道の両側に続く南国らしいヤシの樹々が見えてきた。でもよく見ると、ヤシの樹よりも幹が細く、葉も小さいビンロウの樹の小径だった。うまく日陰を作ってくれているので心地よい。

子連れの家族もキーコキーコと音を鳴らしながら、ママチャリに乗ったおじいさんもマイペースに、ペダルを漕いでいる。つらくて険しい顔をしている者は1人もいない。みんながそれぞれのサイクリングを楽しんでいるように見える。

広がる水田に、のどかさを実感する。私が訪れたのは4月。2カ月ほど前に田植えされた苗がふさふさになり、緑の密度が高い。

なだらかな上り坂の先には、街を一望できるポイントが待っていた。自転車を降り、深呼吸する。見下ろす風景に向かって両手の手のひらを重ねると、すっぽりおさまってしまうくらいのコンパクトな街だ。家が四角い積み木のように置かれている。綿飴のようにふわふわの雲が、向こう側の山にぽかんと乗っかっている。

こんな風に遠くの景色を見渡したのはどれくらいぶりだろう。あぜ道と水田の田園風景。いつも首を下に傾けて眺めているスマホの画面とはぜんぜん違う。

自転車に乗ると、風のにおいや土の泥臭さにも気付き、美しい風景を楽しむことができる。

サイクリング再開。高台に沿った道路がしばらく続く。途中でコースの料金所がある。50元。下り坂になり、「草苺冰棒（イチゴアイスキャンディー）」の文字が目に飛び込んで来た。ちょうど喉が渇いていた。「採れたてのイチゴもあるよ、おいしいよ」と農家のおじさん。売り込みがうまい。アイスキャンディーはイチゴ果肉たっぷりで、本物の手作りの味に満足した。あとはゴールまで一気にペダルを漕ぎ通した。楽しく、心地よい1時間の旅だった。

清々しい気分で胸は一杯になったが、逆にお腹が空いた。関山の名物は、この自転車コースのほかに、全国に名前が鳴り響くお弁当がある。

駅前に大きな看板を掲げる「關《コワン》山《シャン》便當《ビェンタン》」というお店に入った。1970年に関山駅でお弁当を売り始めた老舗で、レジの後ろには壁一面のお弁当の空箱が積み重ねられている。この量が1日で売れていくというから驚きだ。

スペアリブを揚げた「排骨便當」を頼んだ。たっぷりの白米に、排骨と青野菜、練り物、腸詰め、お新香など、いろいろなおかずが乗る。

ごはんが見えないくらいのたっぷりのおかずが乗せられた関山の「排骨便當」。

これで80元だから人気があるわけだ。疲れていたせいもあり、胡椒と塩気の利いた菜圃《ツァイプー》（大根の漬け物）が抜群に美味しく感じる。白米も柔らかくて甘い。

冷えたお米やおかずをお弁当として食べるのは、日本統治時代、日本人が台湾に持ち込んだ文化だった。中国語の弁当を示す「便當」という漢字は、日本語の「べんとう」の発音からできた当て字で、中国語で「ビェンタン」と読む。台湾語では「ベントン」だ。台湾語の発音がむしろ日本語に近い。

日本のお弁当は冷たいが、台湾のお弁当は温かい。もちろん、関山弁当も。大の大人たちが箱詰めのお弁当を一心不乱に食べる姿はちょっと面白い。

自転車を戻しにいく途中、注文の行列ができ、多くの自転車が店の前に止まっている「曹記《ツァオジー》豆花《トウホワ》」というお店を見つけた。店内ではほとんどのお客さんが豆花（台湾の豆乳プリン）を頼んでいた。暑いから欲張って豆花と黒糖冰（黒糖かき氷）を頼んだ。両方とも素晴らしい味だ。

「好吃嗎《ハオチーマー》？（美味しい？）」

細身の女性店主に聞かれた。よほど嬉しそうな顔をしていたのだろう。本当に美味しくて、翌日も訪れた。台湾の旅では、ほんの数百円で目が回るほどの味に出会えるからたまらない。

台湾といえば、道路を埋め尽くしたオートバイの洪水が思い浮かぶ。ところがいま台湾はすっかり「自行車島《ズーシンチョーダオ》（サイクリングアイランド）」になっている。

その功労者は、台湾を代表する自転車メーカーで、関山で私がレンタサイクルを借りたショップを運営するジャイアントだ。「環島《ホワンダオ》（台湾一周）一號《イーハオ》」線の自転車ルートの設置を台湾の政府に働きかけ、２０１５年の年末に開通させた。

東海岸の幹線道路には「環島一號」の看板をあちこちでみかける。台湾全土の要所で、レンタルやメインテナンスに対応するジャイアントストアを配置し、台湾一周を手配する旅行会社も立ち上げた。台北市で観光客も便利に利用できる公共レンタサイクルシステム「You Bike」もジャイアントが導入した。台湾の自転車文化にジャイアントは欠かせない存在だ。

そういう私も、ジャイアントユーザーで、地元世田谷区の二子玉川にあるジャイアントストアで愛車を購入して、普段から買い物や気晴らしに乗り回している。

関山から河川・卑南渓を渡って車で15分ほど離れた池上にも、関山と並ぶ観光サイクリング・コースがあり、特に有名なスポットが、エバー航空のＴＶＣＭで金城武と登場した「金城武樹」である。人気俳優で日台混血の金城武が、青い空と緑の水田をバックに颯爽と自転車で駆け抜け、水田の横の大きなこの樹の下で休憩する姿が反響を呼んだ。

その樹は、池上の「伯朗大道《ボーランダーダオ》」にある。連日大勢の観光客が訪れ、記念撮影をする人が後を絶たない。道路には「金城武の樹まであと2キロ」などの看板もある。観光客が多過ぎて通行規制まで行われていた。

金城武の樹の前にはものすごい人だかり。幹には包帯が巻かれ、「我受傷了《ウォショウシャンロー》！（ケガしました！）」という立て看板もあった。２０１４年、台風で樹が根からなぎ倒され、日本からわざわざ樹木医を招聘して「治療」を受けていた。幸い「一命」を取りとめた樹は、青々と輝いている。

どこの国も商魂たくましい人がいる。金城武の樹の人気にあやかった池上のレンタサイクル店は、電動自転車や、幌つき自転車、1人用から4人乗りまで品ぞろえがバラエティに富んでいる。飲み物やおやつを売る店までできていた。一本のCMの影響力がここまで大きいとは。あるいは、金城武の樹がいちばん驚いているのかもしれない。

「風がないし、時間も遅いから、電動自転車がぴったりよ」

半ば強引におばさんに薦められるまま借りた。台湾で人生初の電動自転車経験となった。重いけど速い。楽チンである。

池上の水田は関山に比べ、一区画の面積が広く、見渡す限り全てが緑で、迫力がある。地表に電柱がないので電線もない。自転車を降り、思い切り背伸びをした。空と水田と立っている地面が一体化し、境目のない球体の中に浮いている感覚になった。気分はすっかり金城武（！）、だった。

池上の水田の水は、1921年の日本統治時代に作られた灌漑水路が運んでいる。日本人が遺した産業遺産で台湾にその名が鳴り響く「池上米」が育っている。周囲には水路の水を利用した

大人気となった金城武の樹の前では、常に多くの観光客が写真を撮っている。

かつての洗濯場「田邊倶樂部《ティエンピエンチュイローブー》」や台湾唯一の淡水沼沢「大埤池《ダーピーチー》」などもある。

池上にもお弁当があり、むしろ関山弁当より知名度は高い。台北の市内でも「池上便當《チーシャンビェンタン》」の看板をよく見かける。実はお弁当の代名詞として、台湾中の人が知っているのだ。池上弁当の物語は１９４０年、池上に住む台湾人の李約典《リーユエディエン》・林来富《リンライフー》夫妻が池上駅前で「番薯餅《ファンシューピン》（芋餅）」を売り始めたことからスタートする。年月が経ち、夫妻の息子の李丁寶《リーディンバオ》は池上駅の駅夫になった。

当時、列車で花蓮から台東までは8時間もかかった。李丁寶の妻・陳雲《チェンユン》は長旅で疲れている人々の胃袋を美味しいもので満たそうと、「飯包（おにぎり）」を作り始めた。１９４８年のことだ。ホームで販売を開始した飯包は、おにぎりと一緒にレバーやササミ、梅干し、漬け物が竹の葉に包まれていた。池上弁当の原型は、日本のおむすび弁当に限りなく近かったようだ。

関山、池上と小さな街を自転車で楽しんだ。コースの趣きも違うし、自分の足で漕ぎ、汗をかくのは気持ちがいい。充実感もひとしおだ。運動のあとの名物のお弁当も大きな魅力である。自転車など見向きもしなかった台湾人が、いま週末になると、自転車をかついで地下鉄や車に乗って地方のコースを訪れ、ばっちり固めたサイクリストスタイルで風を切るレジャーを楽しんでいる。１日２０００人以上が1週間から10日はかかる「環島」に挑戦し、その中には、海外からのサイクリストも大勢いる。私も台東で自転車に乗り、台東の熱気に吹かれ、心に火がついた……気がする。全長１０００キロの「環島」にもいつか挑戦したい。

❶捷安特關山站
(GIANT レンタサイクルショップ)
台東県関山鎮博愛路 6 号 ☎ 089-814391
㊕ 金 9:00 ~ 18:00/ 土・日 8:00 ~ 18:00
㊡ 月 ~ 木曜日

❷關山便當
台東県関山鎮和平路 83 号
☎ 089-811100 ㊕ 8:00 ~ 20:00

❸源昌關山便當
台東県関山鎮民権路 1-5 号
☎ 089-811246 ㊕ 7:00 ~ 20:00

❹曹記豆花
台東県関山鎮和平路 124-1 号
☎ 089-814539 ㊕ 11:00 ~ 22:00 ㊡ 月曜日

關山臭豆腐老店
台東県関山鎮信義路伝統市場内
☎ 089-812148
㊕ 9:00 ~売り切れまで ㊡ 木曜日
行列のできる臭豆腐のお店。

關山肉圓老店
台東県関山鎮中華路 60 号
☎ 089-811396
㊕ 6:00 ~ 15:00
名物・肉圓のほかワンタンや肉燥飯など。

關山鎮天后宮
台東県関山鎮中華路 2 巷 1 号
☎ 089-811137
㊕ 5:00 ~ 22:00
80 年以上の歴史を持つ廟。

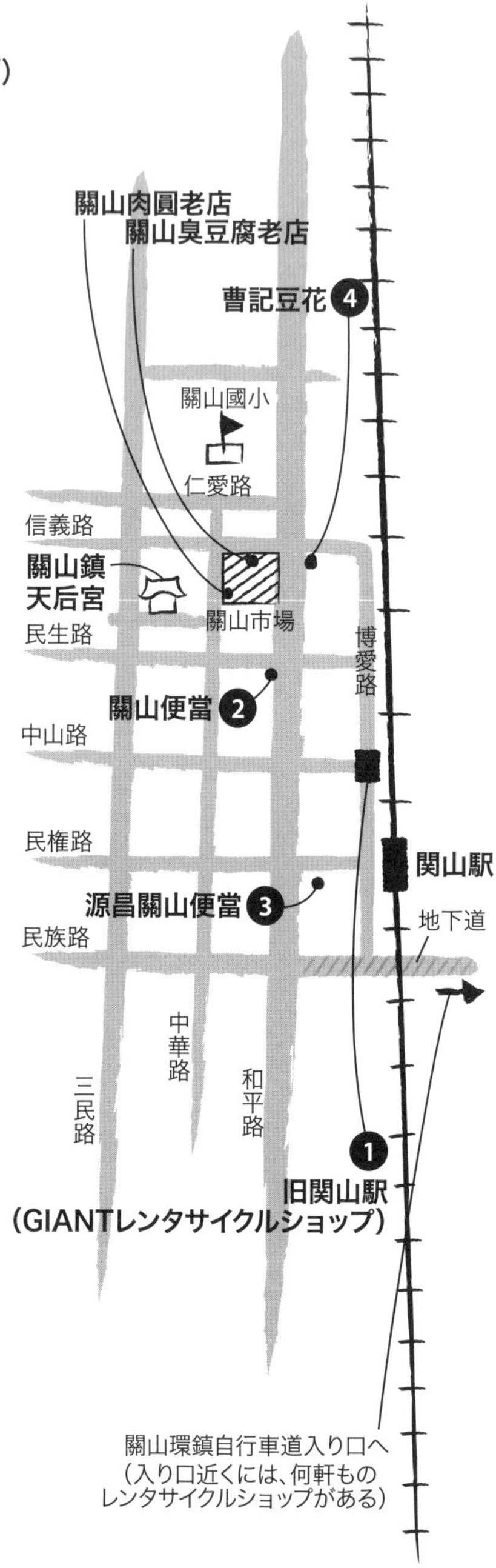

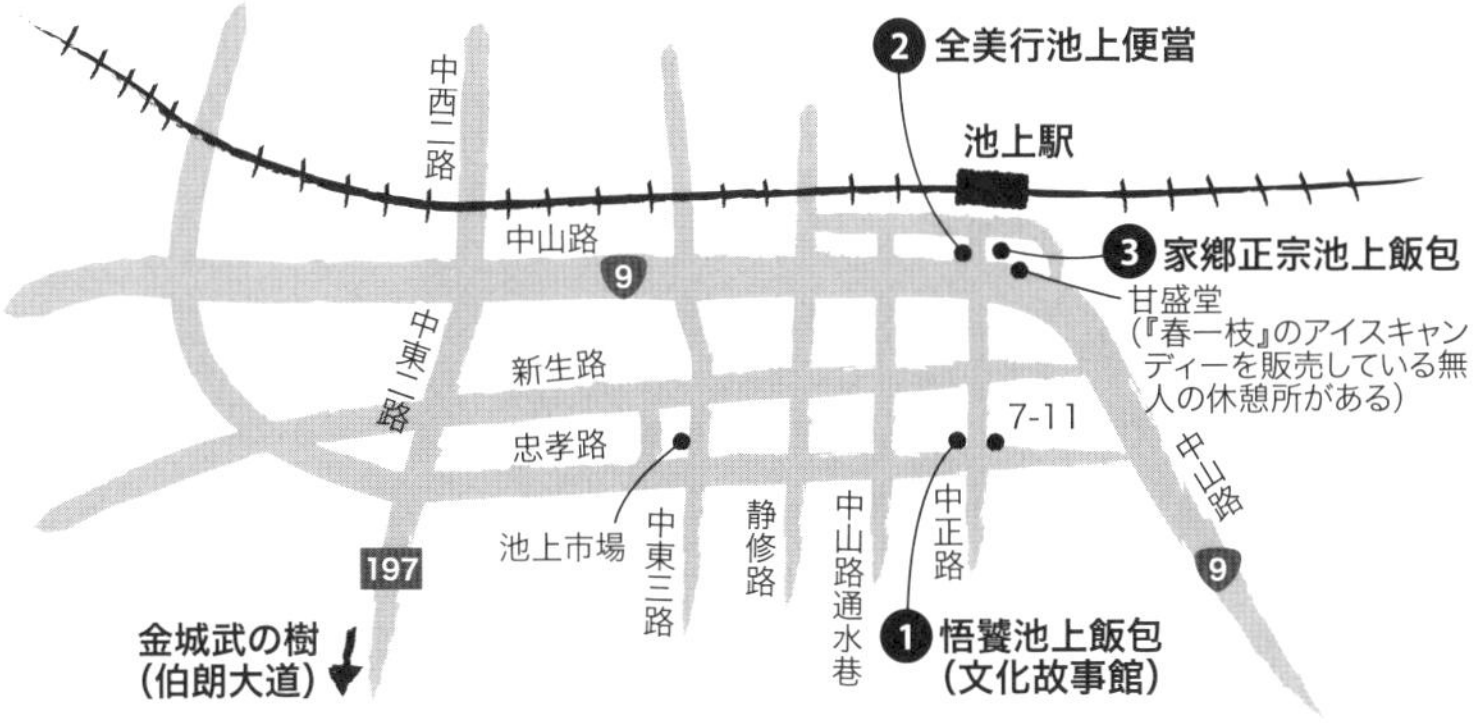

❶悟饕池上飯包（文化故事館）
台東県池上郷忠孝路 259 号
☎ 089-862326 ㊖ 8:00 ~ 20:50
http://www.wu-tau.com

❷全美行池上便當
台東県池上郷中正路 1 号
☎ 089-862270
㊖ 6:30 ~ 22:00/ 土・日 6:30 ~ 23:00

❸家郷正宗池上飯包
台東県池上郷中正路 4 号
☎ 089-863521 ㊖ 8:00 ~ 20:00

金城武の樹（伯朗大道）
県道 197 から西に向かう一本道、錦新 3 号にある。周囲に看板が出ている。

海岸線のカバンに魅せられて――東河《トンホー》

「どこで買ったの？」

滅多に口にしない言葉が自然と漏れでた。台北の友人が持っていたバッグに一目惚れした。オフホワイトで編み目がとても細かい手編みの麻。借りて自分の肩にかけてみた。手触りや、取っ手の長さなどが、ちょうどいい。何にでも合いそうなデザインだ。飾りもなにもない本当にシンプルなトートバッグだが、どこか品があり、存在感のある重さも心地よい。

タグに「棉麻屋《ミエンマーウー》 Made in Taiwan」と書いてあった。なんだろう？　ブランド名にしては聞いたことがない。しかし、このカバンはすごい。

自宅の洋服ダンスには、白、黒、紺、ベージュなど無地の服ばかりが並んでいる。柄物や明るい色を選ぶときもあるが、結局はベーシックなものに戻ってしまう。バッグも同じだ。同じようなのがいくつあるか分からない。困ったものだ。

友人からは「妙の好みって、ＭＵＪＩっぽいね」とよく言われる。ＭＵＪＩとは無印良品のことで、いつも無印良品のものを使っているイメージということだろう。当たっている。実際、一目惚れした棉麻屋のトートバッグも確かにＭＵＪＩっぽい。

日本人は概してＭＵＪＩのようにシンプルなものが好きだと思うが、お隣の台湾はかなり違う。シンプル過ぎるデザインは一般に嫌われがちだ。

街中には赤や金色をふんだんに使った廟が立ち並び、ショッキングピンクや、スパンコールに花模様があしらわれた服を身にまとう年配の女性をよく目にする。日本ではありえないファッションだが、それなりに着こなしているからすごい。キャラクターが大きく描かれたバッグや帽子を持つ人も多い。

シンプル派としては「このキャラクターさえなければ……」と、泣く泣く買うのをあきらめたものが、多々ある。

棉麻屋のトートバッグには、余計なものがない。だから気になった。

「台東の東河で買ったのよ」と友人は教えてくれた。台東はわかるが、東河は聞いたことがない。地図で見ると、ちょっと遠いかも。物欲はときに食欲に勝る。台東に行ったら東河に足をのばすと心に決めた。

台東空港から車で北上して走る海岸線は実に気持ちが良い。どこを見ても美しい海と澄み切った空と新緑の山。同じ台湾なのに泣き出しそうな台北のグレーの空とは大違いだ。

目指す棉麻屋のある東河まで、景色を楽しみながらそのまま一直線に北に向かう。道の両脇はグリーンが次第に濃くなり、ヤ

これ以外にもサイズや色違いがある「都蘭國小」のカバン。

シの樹が多くなってきた。途中、停車して覗いたカメラのファインダー越しの風景は、まるでハワイにいるように思えた。

目的地にたどり着く前に、もう一つ、台東の海岸線に眠っていたカバンをめぐる物語を偶然、探りあてることになった。

道路脇に「都蘭國小《ドゥーラングオシアオ》」と書かれた帆布製のミニチュアカバンを売っている店に目が留まった。すぐにピンときた。馬英九前総統がまだ総統に就任して間もない２００９年、周美青夫人が飛行場に娘を送りに行く際、白文字で「都蘭國小」と書かれた真紅のカバンを斜めがけしていた。テレビに映し出された田舎町の小学校名が書かれたスクールカバンのメーカーに、いきなり注文が殺到した。と同時に、「都蘭」という地名も有名になった。

車を降りて店頭でカバンを眺めていた私に、店員さんがこんな話をしてくれた。

２００７年、『最遙遠的距離《ツォイヤオユアントーチュイリー》（邦題：遠い道のり）』という映画が公開された。主役を務めたのは、金馬奨主演女優賞を獲得し、中国や香港でも活躍する実力派女優・桂綸鎂《グイルンメイ》だった。ＯＬ、録音技師、精神科医。人生の挫折を経た男女３人が、それぞれ台東の海岸に向けて自分探しの旅に出かけるストーリーだが、録音技師の男が台北にいる昔の恋人に向けて送り続けたカセットテープの「音」が映画のキーワードとなっている。音の多くは、台東の海や山で採集したものだ。波や風、樹々の音が映像と共に心に響く。

林靖傑《リンチンチエ》監督の初の長編映画となり、多くの賞を獲得した作品だが、登場する精神科医のモデルとなった実在の人物が都蘭にいたというのだ。

陳明才《チェンミンチャイ》。将来を嘱望された才能豊かな俳優だった。台北に住んでいた陳明才はある日突然、台北を離れ、家族と共に都蘭に引っ越した。キャリアを捨て、先住民と共に演劇活動を推し進めたり、先住民の伝統を無視した開発を強行しようとする業者に抵抗したりして、都蘭の文化を守ろうと努力した。そんな彼の姿を見つめ続けた親友の林靖傑監督が、彼を精神科医役に想定して書き下ろした脚本が『最遙遠的距離』だった。

ところが、映画撮影が始まる前の2003年、陳明才は都蘭の海に身を投げ、自らの命を絶ってしまう。うつ病を患っていたと言われているが、遅々として始まらない映画撮影に落胆したとか、開発業者への無力さと責任を感じていたとか、いろいろ憶測を呼んだ。いずれにせよ、精神科医を演じる陳明才を撮りたいという監督の願いは、夢となって消えた。

身投げした場所の近くには、陳明才がいつも使っていた「都蘭國小」のカバンが残されていた。映画業界の仲間達は陳明才を偲び、「都蘭國小」のカバンを持つようになったそうだ。陳明才抜きに完成した映画も高い評価を受け、新時代の台湾映画を代表する一作となった。

ただの小学校のカバンに、なんと多くの人の思いが詰まっていることか……。

そんな寄り道をしながらようやくたどり着いた「棉麻屋」は想像していたよりもずっと小さかった。看板もない。店を見落とし、一度は通り過ぎてしまった。

ガラスの引き戸をゆっくりと開くと、白、ベージュ、黒の帽子とカバンが整然と並べられていた。室内は冷気とアロマの香りに包まれている。イギリスや南仏に構えられた小さなアトリエに来たみたいだ。

「龍恵媚《ロンホイメイ》です」
白シャツとベージュのパンツに、黒髪を無造作に束ねた女性が現われた。芸術家には、個性的なメガネが似合う人が多い。色白な顔に、丸レンズのクラシカルな太い黒ぶちのメガネが映えている。想像以上にかっこいい女性で、私もこんな歳の取り方をしたいと思わされた。

棉麻屋がある東河郷の隆昌《ロンチャン》という土地には、先住民・アミ族が暮らしている。赤や黄色の鮮やかな民族衣装をまとい、歌や踊りが得意な部族として知られている。龍恵媚さんもアミ族だ。

以前の仕事は病院の看護助手だった。
「ずっと病院の手術室で、患者さんの傷口を縫い合わせてきたの」
10年にわたって毎日、毎日、目の前に広がる鮮血を見つめ、羊の腸から作られた縫合糸を使い、術後の患部を丁寧に縫合し続けた。緊張とプレッシャーから解放された自分に、鮮やかな色は必要なかった。心の安寧を模索し、綿や麻の持つ自然色にたどりついた。

店を構えて25年になるが、広く世間に認められるには、時間を要した。最初は病院勤務の傍ら、編み物コンテストなどに帽子やバッグを応募し、作品を同僚たちにプレゼントしてきた。

先住民の作るものは「鮮やかな色」が定番だ。色味のない彼女の作品は「先住民的ではない」

カバンと故郷の東河郷「隆昌」についての熱い思いを語る「棉麻屋」のオーナー・龍恵媚さん。

という理由で、賞を獲れなかった時期がある。それでもあきらめずに編み続け、先住民族の伝統的な編み方に独自の技を合わせた作風が徐々に正当な評価を得られるようになっていった。

努力する彼女のもとに、幸運が訪れた。２０１０年、台湾各地に建つランディスホテルグループの総裁を経験し、「観光教父（観光の父）」と呼ばれた厳長寿《イエンチャンショウ》さんが、彼女の作品に惚れ込んだ。厳長寿さんは龍恵媚さんの才能を最大限に引き出そうと、全面協力をしてくれた。

これまで賃貸で借りて住んでいた築80年の日本家屋を買い取り、本格的にリノベーションを施した。暗い室内を、光が注ぎ込む明るい空間にして、持ち前のセンスで素敵な店舗へと生まれ変わらせた。彼女は病院の仕事を辞め、「棉麻屋」の店主として、本格的に活動を始めた。

シンプルな「棉麻屋」のカバン。すべて地元の先住民たちによる手作りだ。

厳長寿さんは国内外のVIPに龍恵媚さんの作品を紹介し、棉麻屋にお客さんを連れてきてくれた。おかげで「JAMEI CHEN」の名で知られる台湾の有名デザイナー・陳季敏《チェンヂーミン》さんも、龍恵媚さんのセンスに惚れ込み、棉麻屋の作品を自身の店でも扱うようにした。

糸を編み、商品に仕上げるには時間と体力がいる。同じ集落で暮らす先住民の「媽媽《マーマー》（お母さん）」たちが手伝うようになった。作品の人気と共に、手伝う人数も10人、20人と増え、いまでは総勢39人で一緒に製作している。

台湾の田舎も人口の流出問題が深刻だ。龍恵媚さんが子供のころの隆昌はにぎやかな集落だったが、今は若者のほとんどが都会に出てしまい、めっきり静かな場所になってしまった。

故郷に残っている者にとっての現実は厳しい。仕事はなく、生活に苦しむ人たちが大勢いる。彼女はもう一度自分の住んでいる集落を盛り上げたいという気持ちを持ち続けてきた。

故郷と部族への愛の強さ。店がいくら繁盛しても、分店を出さない。

「棉麻屋のカバンを見たら、この集落のことを思い出して戻ってきて欲しい。戻ってきたら、カバンを編んでいる一人ひとりのお母さんたちの家を訪ねて欲しい」

龍恵媚さんは自分に20年という期限を設け、その間に必ず「棉麻屋」を国際的なブランドにさせることを誓ったという。自分のためだけでなく、集落の将来を思う確固たる意志が、彼女の強さの源にある。

店内にあるカバンはどれも好みだ。消去法で選ぼうとしても、消去できるものがないから本当に困った。あれもこれもと両肩に計6個ものカバンを提げ、鏡の前で見比べても決まらない。どれも「私がいちばんよ」と語りかけてくる。

困り果てていると、ふいに、入り口横のトルソーにさりげなく掛けられていたカバンに「買って」と呼ばれた気がした。細くて黒い皮の持ち手の亜麻色のカバンだ。私が手に取った途端、龍恵媚さんが少し顔を曇らせながら近づいてきた。そして、照れくさそうに、こう言った。

「それは、なるべく売りたくないの」

このカバンは龍恵媚さん自身が手がけた作品だった。いちばんのお気に入りのため、店のタグ

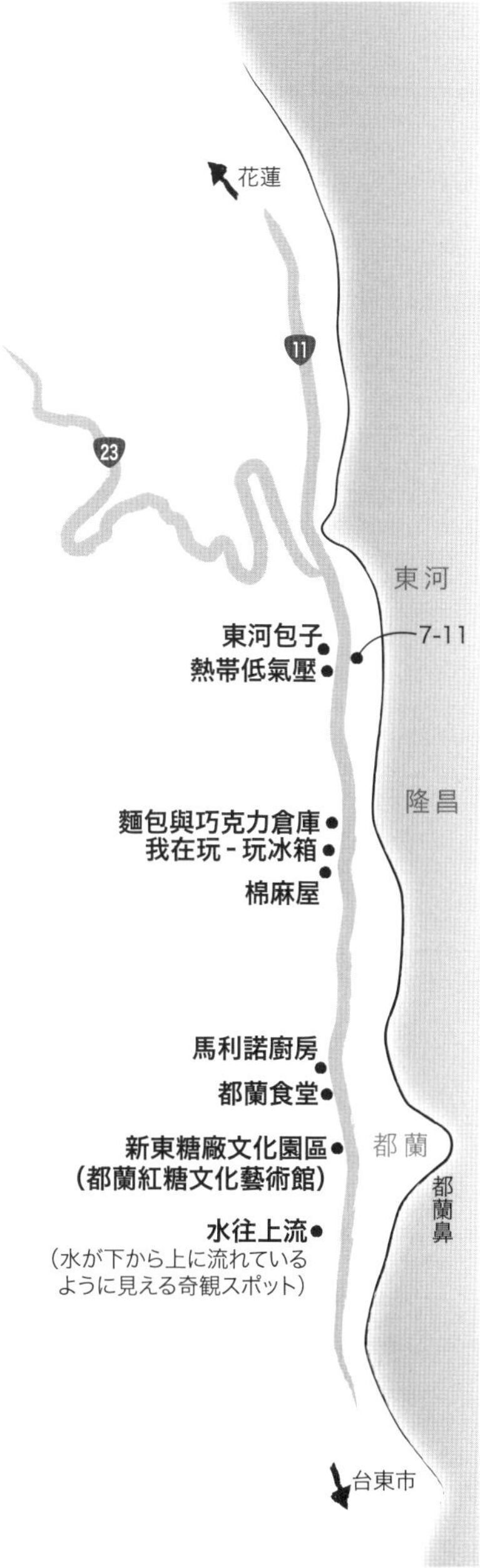

東河包子
台東県東河郷東河村南東河 15 鄰 420 号
☎ 089-896369
㊟ 6:00 ~ 20:00
東河村名物の肉まんを売るお店。

H 熱帯低氣壓 サーフ&ゲストハウス熱帯低気圧
台東県東河郷東河村南東河 108 号
☎ 089-896738
http://www.easttaiwan-surf.com
サーファーの日本人がオーナーの民宿。

麵包與巧克力倉庫
Bread&Chocolate Warehouse
台東県東河郷隆昌村 236 号
☎ 0909-301-199
㊟ 9:00 ~売り切れまで ㊡ 月~木曜日
http://breadandchocolatewarehouse.blogspot.jp
パンとチョコレート、ピザを売るカフェ。

我在玩-玩冰箱
台東県東河郷隆昌村 188 号
☎ 0960-706-209
㊟ 9:00 ~ 19:00
棉麻屋隣のカフェ。

棉麻屋
台東県東河郷隆昌村 162 号 ☎ 0930-989-858 ㊟ 10:00 ~ 18:00 ㊡ 月曜日

馬利諾廚房 MARINO'S KITCHEN
台東県東河郷都蘭村 436-3 号
☎ 089-531848
㊟ 9:30 ~ 19:00
主人がイタリア人の大人気のパンのお店。

都蘭食堂
台東県東河郷都蘭村 436-2 号
☎ 089-531810
㊟ 11:00 ~ 20:00
馬利諾廚房の系列のイタリアンレストラン。

新東糖廠文化園區（都蘭紅糖文化藝術館）
台東県東河郷都蘭村 61 号
☎ 089-530187
㊟ 10:00 ~ 17:00 ㊡ 火曜日
赤糖工場をリノベした観光スポット。

をつけず、目立たないように飾っていたのに、私に見つかってしまった。だが、すっかり私も気に入ってしまった。結局、惜しい、惜しいとつぶやきながら、売ってくれることになり、目の前で店のタグを縫い付けてくれた。

「またこの子を連れてここに戻ってきてね」

お店の作品はすべてが龍恵媚さんの子供のようなものだという。彼らは台湾ばかりでなく、フランス、オーストラリア、カナダへと旅立ち、確実に成長している。

日本の私の家に「移住」したカバンは、パソコンやノートを中に入れながら、毎日元気に頑張っている。でも、お母さんが寂しがっているので、そろそろ里帰りさせて龍恵媚さんに会わせなければ。今度はどの子を持って帰ろうか。

隆昌のカバン、都蘭國小のカバン。台湾の東海岸にはすてきなカバンがたくさんある。

中国人観光客との出会い——知本《チーベン》温泉《ウェンチュワン》

温泉が好きで、時間があれば、都内のスーパー銭湯に行く。ときどき箱根や湯河原の温泉宿に泊まる。源泉掛け流しにこだわり、秘湯と聞くとついつい足が向いてしまう。温泉好きは、私のＤＮＡのなかで、日本人の部分がとても強く出ているところである。

台湾も実は日本に負けない温泉大国。あちこちから、こんこんとお湯が湧き出ている。台東には、台湾四大温泉の1つに数えられる「知本温泉」がある。炭酸水素ナトリウム泉で、美人の湯として名高いが、日本で有名になったのは、あの「倒壊映像」がきっかけだったかもしれない。知本温泉は周辺に住むプユマ族がかなり昔に発見していて、日本統治時代には公衆浴場が作られて発展した温泉場である。山間を流れる知本渓に沿って湧出地がある。

２００９年８月６日から10日にかけて台湾に強力な台風が上陸した。８月８日に被害が集中したので、「八八水災」と名付けられた。

もともと渓流ぎりぎりか、山にはりつくように温泉ホテルが林立していた。八八水災の際、降り続く雨で川の水量が急増し、堤防が決壊した。川岸にあった商店街の多くが流され、６階建ての老舗ホテル「金帥（温泉大）飯店」も土台ごと川に崩れ落ちた。激しい水しぶきとともに倒壊するショッキングな映像が日本にも報じられた。自然に対する人間の無力さを痛感させるものだった。

私が初めて知本温泉を訪れたのは八八水災のちょっと前だった。泉質はヌメヌメのトロトロで、さすが歴史のある温泉場だと納得した。

八八水災から７年が過ぎた２０１６年、久しぶりに再訪すると、ホテルが倒壊した川岸一帯がすっかり様変わりしていた。

日本人にもよく知られている知本温泉。

以前より堤防が長く、高くなり、渓流近くの商店街は姿を消していた。温泉街の入口の「温泉橋」の下流には土砂が積まれ、作業車が忙しく行き交っている。大掛かりな工事だ。増水のときにも封鎖しなくて済む、より安全で大きな橋を建設中だという。

ホテル業者も災害を機にたくましく生まれ変わっていた。

1991年に開業した「知本老爺大酒店《チーベンラオイエダーチウディエン》」が唯一の5つ星ホテルとして君臨してきたが、1軒、また1軒と老朽化した老舗ホテルの多くがリニューアルされている。温泉街は以前よりあか抜け、戸外プールやSPAを持つ「丫丫旺温泉渡假村《ワンウェンチュワンドゥーチャアツン》」のような家族滞在型レジャーホテルが増えた。ちなみに「丫丫」はプユマ語で酋長の意味だという。

温泉街のホテルや飲食店などで働く人々はエキゾチックな顔立ちをした人が多い。従業員は地元の先住民がほとんどだからだ。

知本温泉で私のイチ押しは「知本金聯世紀酒店《チーベンチンリエンシーチーチウディエン》」。一度閉鎖されたホテルを全面改装したそうで、温泉橋からほど近く、オフホワイトを基調とするシンプルでスタイリッシュな建物である。

特に気に入ったのは屋上の露天風呂。大きな長方形の浴槽に体を沈めると、深緑の山々が目に飛び込んできて、まるで山中に浮いているような気分になる。ジャグジー、冷水風呂、サウナもあり、温泉好きの私は朝食返上で繰り返しお湯に浸かった。

ここで面白い体験をした。

露天風呂に入る際、ホテルの従業員がマンツーマンで脱衣所まで付き添い、全裸になることや、タオルを持ち込まないこと、あらかじめシャワーを浴びること、サンダルは脱ぐことなどなど、お風呂の入り方の一から十までを事細かに説明してくれた。そんなことわかっているんですけど……と思ったが、その理由は、裸になってからわかった。

浴場で聞こえる話し声は、同じ中国語でも台湾人の中国語とは明らかに発音が違っていた。巻き舌の激しい大陸の中国語で、彼らは中国人観光客だった。「熱過ぎる」などと叫んでいる。裸で大衆浴場に入る習慣がないので、どこか所在なげである。ちゃんとホテルから説明しなければ、中国人はタオルを巻き、サンダルを履いたまま浴槽に入ってしまうらしい。

団体旅行のためか、集団で入浴している。大きな声と大人数。お湯を静かに楽しみたい台湾人は、渋い顔でそそくさと風呂から上がってしまった。

私に中国人たちの視線が集まり、話しかけられた。

「台湾人なの？」

おばさんの問いに思わず「はい」とうなずいた。すると「台湾は食べ物が美味しい」「海が素敵だ」「空気がいい」などと、矢継ぎ早に台湾を誉め始めた。四川省の成都からきた社員旅行の一団で全員が初めての台湾だという。台湾旅行の経験者から、台湾がどれだけ素晴らしいか聞かされていたので楽しみにしていたことや、これまで

開放感一杯で気持ちのよい「知本金聯世紀酒店」の屋上露天風呂。

の旅で印象に残った場所のことなどを話してくれた。

中国人の台湾旅行はたいてい1週間前後の旅程で、台湾を一周するパターンが多い。内陸地に住む中国人にとって、太平洋を見ることができる東海岸は、夢のまた夢のような場所だという。

中国人の騒ぎ方はうるさいと思われても仕方ないかもしれないが、一生に一度ぐらいの思いで台湾にやってきて、はしゃぎたくなるのも分からないではない。

「花蓮の海を見ながら、知本温泉にたどり着いたの。海が本当に美しくて、最高に楽しかった」

おばさんの笑顔は、とても幸せそうだった。

中国人観光客のイメージが、少し変わった経験だった。台湾で風景と食と文化を楽しみ、素直に台湾が好きだと話す中国人。裸の付き合いだからこそ、交わせた会話に感謝した。

宿泊客の大部分がホテルで食事を済ませるためか、温泉街には食事ができるお店が少ない。少し距離はあるが温泉街から知本駅に向かう途中の商店街（知本路3段一帯）で食べる必要がある。

お気に入りのお店が何軒かある。なかでも、お昼は「屏東肉圓《ピントンバーワン》」、夜は「黒松羊肉爐《ヘイソンヤンロウルー》」を、お勧めしたい。この2店の味が圧倒的に美味しいと感じるからだ。

「肉圓」は、澱粉の皮にひき肉を包み、蒸したもので、台湾ローカル料理の1つである。お店の「屏東肉圓」の看板は文字の色がすっかり褪せていて、あまり商売っ気のない店構えだが、材料にこだわり、毎日米を碾き、皮から丹念に作っている。店主はちょっと強面で、スーツのズボンに白シャツ姿の中年男性だ。こうした小吃店にはあまり見かけないタイプで最初は話しかけにくかった。何度か通ったあと、勇気を出して話しかけてみた。

「記得我嗎《ジートーウォーマー》？（私のこと、覚えていますか？）」
「很久沒來《ヘンチウメイライ》（久しぶりだね）」
無愛想な店主だが、ちゃんと覚えていてくれた。店主は1年のうち、数カ月間だけ店を開き、残りの時間は稼いだお金で世界を一人旅する。日本にも訪れたことがあり、次はヨーロッパに行く予定だとか。私が知本温泉に来るときは、旅行に行かずに店を開けていて欲しいのだけれど。

店先の大きな蒸籠の蓋を開けると、できあがった肉圓が並んでいる。ぷりぷりの皮にたっぷりのお肉。特製の甘辛醤油と刻みニンニクをたっぷりとかけてもらえば、ペロリと3つは軽く胃袋に納まってしまう。メニューは肉圓に大・中・小があるのと、四神湯《シーセンタン》（モツスープ）の2種類のみ。地元の人に大人気で、たいてい昼過ぎには売り切れてしまい、店主はさっさと店じまいをする。

一見頑固そうな店主の「屏東肉圓」だが、味はピカイチだ。

まだ店主の名前を聞けてない。次は名前を尋ねてみたい。

「黒松羊肉爐」は台湾産の羊肉料理店だが、このお店の「羊肉爐」は他店にない格別な味だ。

羊肉爐とは羊肉の鍋のこと。スープは数十種の漢方を長時間かけて煮込んだもので真っ黒。骨付きの羊肉とキャベツと豆腐を入れただけのシンプルな鍋だが、羊肉がとろけるように柔らかい。真っ黒のスープは塩辛くなく、複雑な漢方の味が絡み合い、上品でまろやかな味となっている。

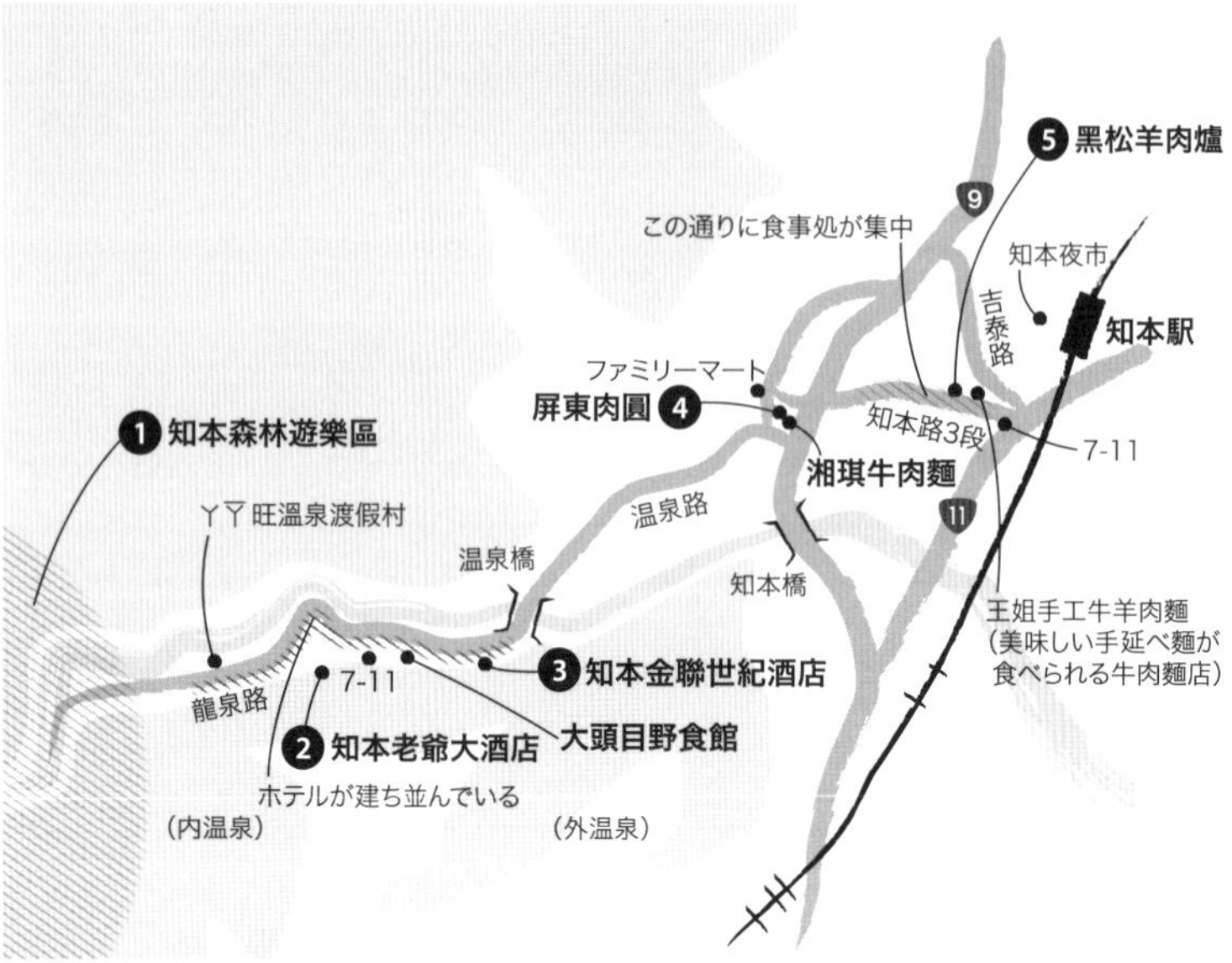

❶知本森林遊樂區
台東県卑南郷温泉村龍泉路 290 号
☎ 089-510961
㊔ 7:00～17:00（7～9 月は 7:00～18:00）

❷知本老爺大酒店
台東県卑南郷温泉村龍泉路 113 巷 23 号
☎ 089-510666
http://www.hotelroyal.com.tw/chihpen/

❸知本金聯世紀酒店
台東県卑南郷温泉村龍泉路 30 号
☎ 089-515688
http://centuryhotel.com.tw

❹屏東肉圓
台東県知本里知本路 3 段 691 号（松美冰店隣り）
☎非公開　㊔ 非公開

❺黒松羊肉爐
台東県知本里知本路 3 段 144-2 号
☎ 089-512477
㊔ 11:00～14:00/16:30～22:00
㊡ 水曜日

湘琪牛肉麵
台東県知本里知本路 4 段 24 号
☎ 089-512950
㊔ 10:00～17:30（売り切れ次第閉店）
㊡ 火曜日
台湾で一番おいしいと言われる牛肉麵店。

大頭目野食館
台東県卑南郷温泉村龍泉路 45 号
☎ 089-510280
㊔ 16:00～23:30（売り切れ次第閉店）
㊡ 大晦日
先住民食のレストラン。

台湾には「補《ブウ》」という概念がある。寒い冬や、出産や病後で体力が落ちたとき、栄養がつくものを食べることだ。羊肉自体、体を温める効果があり、咳や慢性気管支炎など、体が冷えたことで起こるとされる様々な体調不良を予防できるという。これに漢方を加えた羊肉爐は最強の「補」というわけだ。

温泉に入り、健康にいい食事をする。なんだか日本の湯治にも通じるような気がする。台湾で湯治を楽しむのも悪くない。

先住民の豊年祭「乱入」始末

台湾には中国語で「原住民《ユァンズーミン》」と呼ばれる人々がいる。文字通り、もともと台湾に住んでいた人々である。日本語にすると先住民になる。台東は、台湾で最も先住民の人影が濃い土地だ。台湾の歴史的記載は17世紀に始まる。スペイン、オランダ、清朝、日本と様々な「外来政権」が台湾を支配した。しかし、彼らより遥か昔から、台湾の主人はずっと先住民だった。

先住民は農耕や狩猟を中心に生活を営んだ。視力がよく、強靭な肉体を持ち、音楽センスに優れていた。台湾の内外で活躍する先住民の歌手やスポーツ選手は数え上げたらきりがない。プユマ族出身の国民的歌手、アー・メイ、タイヤル族出身のタレント、ビビアン・スー、アミ族出身のプロ野球選手、陽岱鋼《ヤンダイガン》や郭源治《グオユアンチー》などなど。

清朝時代、先住民は「番人」と呼ばれた。漢民族と同化した先住民は「熟番」、同化しなかった先住民を「生番」と区別した。日本統治時代には「番」の漢字を「蕃」とした。

日本人は本当に几帳面で、研究熱心だった。明治時代の人類学者・伊《い》能《のう》嘉《か》矩《のり》は台湾全土で人類学調査を行い、「熟蕃」を10族、「生蕃」を8族に分類し、『台湾蕃人事情』を１９００年に刊行した。今日でも、先住民研究の基礎となる貴重な研究結果と評価されている。

１９３５年には、台北帝国大学土俗・人種学講座の教授で、民族学者の移川《うつしかわ》子《ね》之《の》蔵《ぞう》らが、９族の先住民に対する詳細な現地調査を行い、部族の分布や変遷、神話や伝説などをまとめ、『台湾高砂族系統所属の研究』を発表した。日本統治時代の先住民研究における最高傑作とされている。

ちなみに、１９２３年の裕仁皇太子の台湾行啓の際、差別的意味を持つ「蕃人」という呼称を「高砂族」に変更したそうだ。豊臣秀吉や徳川家光の頃の文書に、台湾のことを「高山国」または「高砂国」と記したものが見つかっていることに由来する。縁起のいい名前は、先住民への蔑視を解消するための計らいだったのかもしれない。

現在、先住民族に対する研究が進み、台湾政府に認定されている先住民の部族の数は全部で16部族に増えている。それでも、数自体は台湾全人口の２%にすぎない約54万人だ。

そうしたなか、台東は人口約22万人のうち３分の１以上が先住民で構成され、人口に占める先住民の比率が台湾一となっている。しかも、アミ族、パイワン族、ブヌン族、プユマ族など６つの違う部族が住んでいるので、街の雰囲気や文化も、部族の居住地域によって様々な顔を持つ。

こんな台東に来たなら、先住民文化に触れ合わない手はない。

多くの先住民に共通するのが、あらゆる事物や現象に霊魂が宿るというアニミズム信仰と、農業に関連する儀礼を行っていることだ。

毎年7月から8月ごろ、先住民族の集落では、豊作を感謝する「豊年祭《フォンニエンジー》」が行われる。1日で終わるところもあれば、3日間続けて行うところもある。その規模は20人くらいの少人数から、2000人以上の大きなものまでいろいろある。部族ごとに形式もガラリと変わる。

インターネットで「豊年祭」と打ち込めば、場所と日程が一覧になったものを入手できるので便利だが、あまりにも多すぎて、なにを基準に選べばよいのかわからない。勘だけを頼りに、台東市の南にある太麻里に近い、パイワン族の暮らす金峰郷《チンフォンシアン》の正興村《チェンシンツン》を訪れることにした。偶然だが、台湾初の女性総統となった蔡英文の母方の祖母はパイワン族である。

正興村へ車を走らせたが、いくら探しても人が集まっているそれらしきところが見つからない。街の人に尋ねてどうにかこうにかたどりついたのは、何の変哲もない民家だった。

よそ者が参加できるのだろうか。不安のなかで、おそるおそる民家の扉を開くと、華やかな刺繍が施されたベストに、獣の毛皮と鳥の羽をあしらった帽子を被った男性がいた。金峰郷長の宋《ソン》賢一《シアンイー》さんだった。日本からやってきたことを告げると、白い民族服に、瑠璃玉のネックレスを重ね、粟の穂を飾った帽子を身につけた宋賢一さんの母親の宋林美妹《ソンリンメイメイ》さんを呼んできてくれた。

「ようこそ。日本からですか」

81歳を迎える宋林美妹さんは、日本語教育を受けており、流暢な日本語が話せる。「日本の名前は村上芳子です」。すると、隣で緑色の民族衣装を着た女性が「私は木曾桃子です」と、これも日本語で話し始めた。

先住民族は文字を持たなかった。日本語教育で日本語を話すようになり、異なる言語の部族同士の共通言語として広く定着した。歌の文句や民族名にカタカナを用い、現在も使っている。

言葉と文字だけが、日本統治時代の残滓として残っているわけではない。

宋賢一さんが白い包み紙から徽章を取り出した。表には金色に輝く旭日章のマークと桜の花と葉に「頭目章」の文字、裏には「臺灣總督府」の文字と332という番号。頭目とはその部族を代表する長。祖父が生前この徽章を持ち、毎月手当があったことを、誇らしげに教えてくれた。

祭壇には「天神」「太陽神」「土地公」「巡狩神」と書かれた碑がある。先祖代々伝わるトンボ玉を供え、これらの神様に祈りを捧げる儀式が始まった。

いつの間にかリビングは人で一杯になり、現・頭目の宋林美妹さんがなにやら唱え始めた。1週間前に作ったという粟酒を木彫りの盃に入れ、2人1組で飲み干していく。年齢と身分の順番

流暢な日本語を話すパイワン族の宋林美妹さん（右）と木曾桃子さん(左)。

だろうか。頭目候補の若者にはより多くのお酒が盛られ、飲み干せと勧められていた。

「タエさん」

宋林美妹さんの声がした。すみっこに立って、写真を撮っていたので、一瞬なんのことだかわからなかったが、顔を上げると、お酒の入った盃を持つ若い女性が手招きをしている。「私？まさか」……首をふったが、確かによそ者の私を待っている。

初めての粟酒は甘くて喉越しが良く、お酒の飲めない私でも、お替わりしたいくらい美味しく感じられた。アルコール度は低くない。一気に飲み干したあと、顔が火照り、少し酔っぱらった。屋内より宋林美妹さんと宋賢一さんが小さな水の入ったお椀を手に、家の外に出て行く。宋林美妹さんの唱える文句に合わせ、「天」と「太陽」と「地」に向かい水を撒いて祈る。

中庭の巨石には、嚙まれたら100歩歩くうちに死んでしまうという猛毒ヘビのヒャッポダが描かれていた。部族がヒャッポダを祖先の霊として崇め、この図柄は民族衣装にも見られる。

宋林美妹さんを中心に、今度は集落の若者たちが手を繋いで踊りながら歌い始めた。円の内周は男性、外周は女性。

「ヤーエートゥワースナーレース……」

パイワン語の歌を独特のメロディーに乗せて歌う宋林美妹さん、呼応する周りの人々。収穫に対する思いや、集落での1年の出来事を、音にのせて神に伝えているのだ。男性だけの歌は強靭なバネを利かせた舞いとともに披露され、迫力がある。楽譜があるようには思えない。だけれども、なぜか心地よい音色だ。

あとは大宴会だ。弓矢の的あても行われる。射たないかと誘われたが、本格的な弓矢なので遠慮した。うまく矢を固定することさえ出来そうもない。

集落の老若男女みんなで自然に感謝し、先祖のことを思い起こす豊年祭。生まれ育った故郷の自然を崇め、大地の恩恵を受けながら先祖代々その場所に生活してきた先住民にとって、豊年祭の持っている意味はきっと私の想像が及ばないぐらい大きいのだろう。

「北大武山にいたころの先祖が持っていたものです」

宋賢一さんが大事そうに見せてくれたのは装飾品だ。連なる小粒の玉の間に模様の描かれた石があった。絵柄ははっきりせず、全体的に黒ずんでいる。

北大武山は台東県と屏東県の県境に位置する、南台湾で唯一3000メートルを超える山だ。かつてパイワン族はこの山頂に住み、徐々に平地に降りてきたという。

宋賢一さんの背後に、台湾海峡、バシー海峡、太平洋を一望でき、パイワン族にとっての聖なる山、北大武山の姿が一瞬、見えたような気がした。

豊年祭で歌と踊りを披露する正興村のパイワン族の青年たち。

昔は移民村、今は熱気球——鹿野郷《ルーイエシアン》

一面の草原の上に浮かぶ色鮮やかな「熱気球」——この景色は、台東のガイドブックやポスター、ポストカードなどに必ず載っている。台東市政府の観光課を訪れたときも、天井から可愛らしいミニチュアの熱気球が下がっていた。

台東の熱気球のメッカは、花蓮から台東にかけて伸びる花東縦谷の最南端に位置する鹿野郷だ。花東縦谷とは、フィリピン海プレートとユーラシアプレートの衝突によってできた花蓮県と台東県を縦断する細長い谷間平原のことを指し、鹿野郷は台東最大の平原となる。上昇気流が起こりやすい地形のため、熱気球だけでなく、ハンググライダーやパラグライダーのメッカとしても有名だ。

毎年7月から8月の間に「台湾国際熱気球嘉年華（Taiwan International Balloon Festival）」が開催され、のどかな田舎町が、外国人を含めた観光客で埋め尽くされる。２０１１年に始まってまだ日は浅いが、すっかり台東を代表するイベントになった。実は30年以上の歴史を持つ日本の「佐賀インターナショナルバルーンフェスタ」を見習って開かれるようになったという。

東海岸に位置する台東では、東河のサーフィン、緑島のスキューバダイビング、杉原海岸の海水浴など海のスポーツが有名だが、山のスポーツの中心地が鹿野郷。そのなかでベストスポットは、海抜３７２・５メートルの鹿野山にある「鹿野高台《ルーイエガオタイ》」だ。

山道の両側には茶畑が広がる。熱気球を飛ばす広場は、ひなたぼっこをするカップルやお弁当を広げる家族、芝ゾリを楽しんでいる子供たちでにぎわっていた。少し先に、ハンググライダーやパラグライダーの滑走斜面がある。斜面に立って足元を見ると、碁盤の目のように区画整備された「龍田村《ロンティエンツン》」が見えた。

見渡す限りの緑色だけれども、街路樹や田畑の一つひとつの緑の深さが違い、コントラストが美しい。その上を、優雅に旋回するパラグライダーは、空を自在に飛び回る鳥のようだ。

日本統治時代、鹿野村と龍田村を合わせ「鹿野村《ルーイエツン》」と呼んでいた。戦後、内外からの移民が増え、鹿野駅周辺に新しくできた集落を龍田村としたが、いずれにせよ、日本統治時代は内地から東台湾への「移民村」の一つだった。

花蓮の移民村である吉野村に生まれ育った山口政治さんの著作『知られざる東台湾―湾生が綴るもう一つの台湾史』や『東台灣展望』などによると、産業も天然資源もなかった台東を開発しようとして考えられたのが、製糖業と農業移民の誘致だった。

1913年、サトウキビの栽培に適した台東に台東製糖株式会社（後に、台湾糖業公司〈台糖〉に吸収される）が設立された。製糖業の繁忙期は晩秋のサトウキビの収穫から年をまたぎ、3月ころまで続く。日本の東北地方の農閑期とちょうど重なる。

すっかり台東の顔となった「熱気球」。

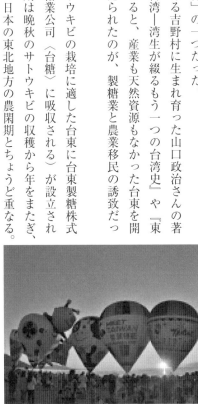

新潟県から１９１５～16年にかけ、短期・長期合わせ、１５００人以上の人たちが移民として台東にやってきた。

　日本の寒いところに住んでいた人々にとって、台東での暮らしはあまりにも過酷だったのだろう。猛暑や度重なる台風、先住民との対立、マラリアや恙虫《つつがむし》などに悩まされ、１９１９年以降は大部分が日本に戻ったそうだ。それでも、残った日本人たちは一生懸命田畑を開墾し、きっちりと道路を整備して一つの村を築き上げた。その面影が、龍田村にしっかりと残っている。

鹿野高台から降りて、龍田村に向かう。龍田村には街の真ん中に貸し自転車屋がいくつもある。まっすぐに伸びる道路は車がほとんど通らないので、安心して自転車に乗ることができる。

のどかな田園風景のなか、黒い瓦屋根の平屋を数軒見かけた。日本統治時代の建物だろう。フリーマーケットが行われていた日本家屋は、台東に現存する唯一の地方行政機構の建造物「鹿野《ルーイエ》區役場《チュイイーチャン》」だった。新しい看板らしいものが掛けられている。

「喝咖啡吧《ホーカーフェイバー》（コーヒーどうぞ）」

　室内の畳敷きの部屋の横で、カフェへの改装作業をしながらコーヒーをすすめてくれた若者は、この鹿野区役場をリノベーションし、コーヒーショップを開こうとしている１人だった。

　村のほとんどの土地は台糖が所有しているので、住民は台糖に地代を払っている。数年前、鹿野区役場の所有者が亡くなり、建物を取り壊して台糖に土地が戻される予定だったが、近隣住民が反対した。６年にわたる長い交渉の末、鹿野区役場は「歴史建築」に登録され、民間の有志たちが地代を台糖に払って管理を引き受けることになった。

「わずかな運営資金しかないけれども、この建物が大好きだから、みんなで少しずつ修復して、大切に保存していきたい」

カフェを始めたのは、建物の維持費をなんとか捻出しようと考えた結果だという。台湾人はDIYがうまい。大概のことは自分たちでなんとかやってしまう。

地元の人たちによって修復された日本統治時代の「鹿野區役場」。

「役場」を後にして再び自転車で走り回ると、平坦な直線道路の両側にはアブラギリ（油桐）やビンロウ樹が立ち並び、グリーントンネルとなっている。

向かいからも自転車に乗る人々がやってきた。大声で話す一行は、中国大陸からの観光客だった。空気の良い大自然を楽しんでいるようだったが、かつての日本の移民村ということを知っているのかがとても気になった。日本人には1人も会わなかった。

鹿野村に移民した人々は、同郷出身ということから団結力も強く、異国の地で力を合わせ頑張ったのだろう。それでも、苦しいときにはなにかにすがりたくなる。1921年、自然神を祭る「神社」が村に建立された。

戦後になると神社の上部構造は全て取り壊され、コンクリートの台座の部分のみが残り、雑草に囲まれ荒れ果てた姿となっていた。そこで地元では、鹿野区役場と同様、日本統治時代のものを残したいと鹿野郷役所と交通部観光局花東縦谷国家風景区管理処に掛け合い、復元が決まった。

木材は、日本より檜を輸入した。日本の宮大工を招き、台湾人の作業員たちと協力し合い、計画から2年後の2015年4月に完成した。完成式の当日の様子は「戦後初の日台合作で復元された神社」として、ニュースになった。

私が何気なく神社の前で手を合わせていると、後から続々と自転車に乗った台湾人の観光客がやってきた。復元された神社は、鹿野村の重要な観光資源となっている。今後、かつての校長宿舎などの復元を期待する声も上がっており、実現すれば、鹿野村は本格的な日本統治時代の移民村保存場所として、多くの日本人の心を惹き付けるはずである。

物珍しげに神社の由来が書かれた看板をのぞきこむ観光客。真新しい檜のよい香りが漂う。

❶阿度的店（レンタサイクル）
台東県鹿野郷龍田村光栄路 232 号
☎ 089-550706
営 8:00～17:30 休 無休
http://www.ado-bicycle.com.tw/
カフェやお土産店、シャワー室もある。

鹿野阿榮甘仔店
台東県鹿野郷龍田村光栄路 163 号
☎ 0910-176-827
営 8:00～20:00 休 火曜日
日本統治時代の食料雑貨店をリノベしたショップ。

阿丁早點
台東県鹿野郷中華路 2 段 20 号
☎ 089-551475
営 5:00～10:30 休 正月
鹿野駅前の 50 年以上続く朝食店。

❷神社
台東県鹿野郷龍田村光栄路 380 号
崑慈堂敷地内

❸鹿野區役場
台東県鹿野郷龍田村光栄路 135 号

H 鹿鳴温泉酒店
台東県鹿野郷中華路 1 段 200 号
☎ 089-550888
鹿野地区唯一の大型５つ星ホテル。

福鹿山休閒農荘
台東県鹿野郷永安村高台路 42 巷 145 号
☎ 089-550797
営 8:30～18:00
http://089550797.tw.tranews.com/

「紅葉少棒隊」夢のあとさき——紅葉村《ホンイエツン》

日本と台湾との間で、漢字の使い方の違いは、なかなか面白い。野球のことを台湾では棒球と呼ぶ。棒で球を打つから棒球というわけで、フィールドボールから「野球」と呼ぶようになった日本とは呼び方が違っている。ただ、野球の面白さを台湾に伝えたのは、台湾を統治した日本人だった。

野球の伝統は戦後も継承されたが、台湾人の野球に対する本当の意味での熱狂は、ブヌン族の少年11人で結成された「紅葉少棒隊」から始まった。ピンとこない人は、台湾の５００元札を見てみてほしい。ユニフォームに身を包み、天に向かって帽子を放り投げて大喜びしている少年たちが描かれている。

彼らは標高６００メートルの延平郷の紅葉村にある紅葉國民小學に在籍する少年たちだった。１９６８年8月25日、７対０で日本の関西リトルリーグ選抜チームに勝利し、レジェンドとなった。

台東市内から車で、山間の紅葉村に向かった。

「棒球的故郷（野球の故郷）」という大きな看板を目印に一本道を登り進むと、真っ赤な紅葉橋が見えてくる。秋になると、山一

紅葉村の入り口にある「野球の故郷」という看板。

面が紅葉で真紅に染まることから紅葉村と呼ばれるようになった。ブヌン族が住む村では、道路標識には紅葉のロゴが使われ、野球少年の像が立っている。

村の中心に、紅葉少棒隊を記念した「紅葉《ホンイエ》少《シャオ》棒《バン》紀念《チーニアン》館《コワン》」がある。チームの歴史や使い込んだ木のバット、ボロボロの球、優勝杯などが展示されている。当時の記念写真を眺めていると、館内の職員が当時のメンバーの1人の邱《チオ》春《チュン》光《コワン》さんの家を知っていて、本人にも連絡を入れてくれた。

私は、中学、高校と学校の部活でソフトボールをやっていた。練習嫌いだったが、試合ではまぐれのヒットを打ち、足が速いこともあって打順はいつも上位だった。

プロ野球シーズンにはテレビやラジオに釘付けになった。ひいきは西武ライオンズ。ＩＤ野球で西武を日本一に導いた広岡監督が大好きで、誕生日が同じという理由で、田淵幸一のファンになった。日本シリーズの最終戦は、学校をずる休みして、東京から埼玉の西武球場に駆けつけ、応援をしたことを覚えている。スコアブックもつけられるほど夢中になった野球なので、紅葉少棒隊の話にも興味が湧いたのだ。

邱春光さんが到着するまでの時間、記念館の裏から小学校のグラウンドに出てみた。

整備が行き届いた赤土のグラウンドに真っ黒に日焼けした3人の少年が野球の練習をしていた。低学年2人を高学年の1人が指導している。ピッチャー、バッター、野手に分かれ、楽しそうに白球を追いかけていた。小学校の敷地に入ることも、野球を見ることも久しぶりだ。山からグラウンドめがけて吹き下ろす風が心地よい。

「いまは1学年1クラスしかないんだ」

不意に背後から声がした。記念館の写真にも写っていた邱春光さんだった。

もともと人口の少ない村で、邱春光さんの時代は、かろうじて野球ができる人数は集まったが、いまは3年生から6年生までかき集めても9人には足りない。

小学校の正門には、紅葉とバット、球のイラスト、「プレイヤー募集　食事、宿舎、学費全て無料」という文字をボディに描いたワンボックスカーが停まっていた。伝説にまでなった野球チームなのだから、いまでも多くの子供たちがいると思っていたが、現実は少し違っていた。

紅葉少棒隊の一員だった邱春光さん。当時の思い出をいろいろと教えてくれた。

1955年生まれの邱春光さんは61歳だが、年齢よりも老けて見える。チームメイトの名前と写真が貼られているボードの前では「いまも生きているのは5人。この村に残っているのは俺1人だけ」とつぶやいた。ちょっと寂しい話だ。

子供たちが当時、野球を始めた理由は「勉強するのが嫌いだった」からだという。

当時、村の子供たちは勉強をするのが嫌で、親と一緒に狩りに出かけ、学校は休んでばかり。1963年、戦時中に日本人の海兵団で野球を学んだブヌン族の古義《グーイー》という人が紅葉村を訪ね、子

@紅葉少棒紀念館
台東県延平郷紅葉村紅谷路1号 ☎ 089-56 1135 ㊑ 8:00～17:00 ㊡ 月曜日

供たちが学校に来るきっかけになるようにと野球チームを作ったのが始まりだった。

最初のころ、木造トタン屋根のボロボロの校舎を背に、砂利が混ざっている凸凹だらけの広場で、石（！）と木の棒を使って練習した。そのときの白黒写真を指差しながら、「あざだらけになった」と懐かしそうに笑った。

それでも、古義監督による日本式スパルタ特訓は日夜行われ、紅葉少棒隊はみるみるうちに実力をつけていった。1964年に台東県庁杯で優勝したのを皮切りに、台湾各地を遠征し、ついには1968年、台北で行われた全国野球大会で優勝を果たすほどの実力校となったのである。

1968年というと、日本を含むアジア各国でリトルリーグが盛んだった時期だ。世界大会で日本は圧倒的に強く、この年、和歌山県選抜チームが世界一に輝いた。

同年の8月25日、日本から関西リトルリーグ選抜チームが台湾を訪れ、台湾チャンピオンの紅葉少棒隊との対決が行われた。この試合は、台湾史上初のテレビによる野球実況中継として放送された。結果は、冒頭に記した通り7対0で紅葉少棒隊の圧勝で終わった。「世界一の実力を持つ日本を倒した紅葉少棒隊」として、台湾中が狂喜乱舞したのである。

「あんなに多くの人を見たのは生まれて初めてだった」

邱春光さんは懐かしそうに言った。ずっと裸足で野球をしてきたが、このときは国家の面子に関わると、靴を買ってもらった。でも履き慣れなくて逆に大変な思いをした、と笑って話した。

紅葉少棒隊が奇跡の勝利を勝ち取った後、台湾は国をあげて世界一を目指すため、台東や花蓮などの先住民の精鋭の選手を集めた「金龍少棒隊」を台中に作り、1969年に見事、世界一に輝いた。その後は71年から4連覇、77年から5連覇と、破竹の勢いは止まらなかった。

なぜそこまで台湾は野球に力を入れ、人々は野球を応援したのか。

1970年代前後の台湾は、めざましい経済の発展とは裏腹に、政治と外交では暗雲が垂れ込めていた。国際的に孤立色が増していくなか、紅葉少棒隊の活躍は、人々の励みとなり、心を奮い立たせたのと同時に、野球ブームへの起爆剤になったのかもしれない。

世界大会で優勝した金龍少棒隊の凱旋には、多くの人々が総統府の前に集まり、英雄となった少年たちのパレードを見守った。特に1971年の国連脱退後、人々はさらに野球に不安のはけぐちを求め、真夜中でもテレビを通して海外で活躍する少年たちを応援し続けたのだった。

やがてプロ野球が結成され、世界で活躍する野球選手が台湾から育っている。今日の台湾球界の隆盛は紅葉少棒隊を起点にするもので、映画『紅葉小巨人《ホンイエシアオチュイレン》』やドキュメンタリー『紅葉傳奇《ホンイエチョワンチー》』にも取り上げられた。

しかし、紅葉少棒隊には、少し暗い過去もある。

関西リトルリーグ選抜チームに勝利した当時の紅葉少棒隊は、9人中7人がすでに大会規定オーバーの年齢だったが、後輩の生徒たちの名前を借りて出場した。メンバーの人数が足らず、大会に出るための苦肉の策だったが、後に当時の監督などが年齢詐称の発覚で逮捕されて実刑判決を受け、世間的な印象は悪くなった。その後は、政府からの援助もなくなり、チームメンバーは別々の中学に進み、ほぼ全員が、野球とは無関係な人生を歩んだ。

邱春光さんは村に残り、タクシーの運転手をしながら農業を営んでいるが、何人かは現実への不満やストレスからお酒にのめり込み、体を壊し、40代そこそこでこの世を去ったらしい。

邱春光さんには3人の息子がいる。国民の伝説となった父親と同じ野球の道に進んだのかと問いかけたが、首を横にふり、「野球で生きていくのは大変だ」とひと言で口をつぐんだ。

記念館を離れ、邱春光さんの家を訪れた。家の表札が大きな紅葉の葉をバックに、球とバットを持ったマスコットで「中外野手　邱春光」と描かれている。紅葉少棒隊の一員であったことを栄誉に思っているに違いない。ちょっと安心した。

台湾初の野球チームは1906年、日本人校長の主導により「台湾総督府国語学校中学校(現・台北市立建國高級中學)」に野球部が結成された。以降、在台の日本人を主体としたチームが台湾各地にでき、1920年には「台湾体育協会」が組織され、内地とスポーツ交流が行われた。

少し上から目線の話ではあるが、日本は上下関係を重んじる野球を通し、台湾における先住民族の文明教化を進めることで、日本人の中の先住民族＝野蛮といった偏見を取り除こうと試みた。1923年、第5代花蓮港庁長に就任した江口良三郎は、アミ族の少年14人を招集して「高砂棒球隊」を結成。全員を花蓮港農業補習学校に入学させ、チーム名を「能高団」に改め、日本人監督のもと日々練習に励ませた。

先住民族の身体能力は予想以上に優れていた。結成1年足らずで台湾西部に遠征して日本人チームと対戦し、10戦中5勝5敗と遜色ない結果を残した。当時の様子を、1925年3月30日の『台湾日日新報』が次のように報じている。

「昔は蕃人　今は文化人として　決して恥かしからぬ　アミ人の宣傳隊を内地に送る」

チームは内地に赴き、甲子園で準優勝をしたことのある早稲田中学と闘い、6対6の引き分けという結果を残した。礼儀正しく、流暢な日本語を話す能高団の様子は、日本の新聞でも広く報道された。江口良三郎の野球を通しての原住民政策は実を結んだと言えるだろう。

2015年に日本でも公開された『KANO　1931海の向こうの甲子園』という台湾映画がある。「KANO」とは、嘉義農林学校の野球部を指し、1931年に台湾から戦前の日本の甲子園に初めて出場して話題になっただけでなく、日本人、台湾人、先住民族からなる混成チームとしても注目された。実はこの先住民族全員が能高団の出身だったのだ。

戦前は高校野球が盛り上がり、戦後一時停滞したが、時を経て、再び野球が復活し、少年野球から「紅葉少棒隊」へと繋がった。

戦前から戦後、今へと繋がる台湾の野球の歴史に思いを馳せていると、邱春光さんが収穫したパイナップルを切って持ってきてくれた。ほどよい酸味と甘味で美味しい。邱春光さんも映画『KANO』を見て、昔、一生懸命練習したことを思い出したそうだ。

「自分たちの世代で台湾の野球史に名前を残せたことはとても嬉しい」

最後に、少し和らいだ表情で話してくれた。私からは、何も聞いていないのに。

プロ野球をいつもテレビで見ているという邱春光さんにとって、紅葉少棒隊の一員であったことは、このパイナップルのように甘味の中に少しの酸味を帯びた「夢のあとさき」の記憶として、心の中で忘れられずに残っている。

第二章

ディスカバー・ジャパン・イン花蓮

父の石ころ——太魯閣《タロコ》

「妙ちゃん、花蓮のお土産だよ」

「パパ、また『石ころ』？」

台湾の東部にある「花蓮」という何だかとても美しく響く名前の場所には、私が中学生のときに亡くなった台湾人の父がよく出張で出かけていた。そして、お土産はいつも〝石ころ〟だった。だから私にとっての花蓮は石ころのイメージである。

石はさまざまな色で、何かの形に似ていた。緑色の亀。白い犬。グレーの猫。赤い蝶。オレンジのチューリップ……。大小不揃いの石は棚に納まりきらなくなった。本当はあまりうれしがっていない娘の気持ちに、父は気付いていなかった。

大人になって、父のくれた石ころを手に取ったとき、それはただの石ころではなく、花蓮特産の大理石や珊瑚、玉などの高価なものだと知った。

いまも我が家に残っている緑色の亀を時々眺めていると、

「妙ちゃんに似合うと思って」

という父の声がどこからか聞こえてくる。迷いながら石を選んでいた父の後ろ姿が思い浮かぶ。少し切なくなり、父の優しさがやっと理解できた気がした。父にいまさらながらの感謝を伝えたくなる。もちろん、40年遅いよ、という話だけれど。

花蓮には、成人までに2回だけ行った。最初は両親と妹・窈との家族旅行で、次は母方の親戚たちと一緒だった。「東西横貫公路」と書かれた中華様式のゲートや、急峻な峡谷とトンネルをバックに撮った写真が残っているので、「太魯閣渓谷」に行ったのは間違いない。

でも、私の記憶にあるのは、断崖絶壁の景色ではなく、谷間の曲がりくねった道路でひどく車に酔い、涙目で「妙ちゃんもう死んじゃう」と泣き言を言い続けていたことである。

2010年、数十年ぶりに3回目の花蓮訪問を果たした。私の中の花蓮＝〝石ころ〟と「妙ちゃんもう死んじゃう」のイメージがやっと更新されることになった。

台北・松山空港から飛行機で花蓮へ飛んだ。頻繁に台湾に来ていても国内線に乗るのは久しぶりだ。飛び交う台湾語や中国語のせいだろうか。建物は国際線と同じでも待合室にはローカルな香りが漂う。乗り込む飛行機は日本の国内線では見かけないサイズの小さなプロペラ機だった。

機体が小さいだけあって揺れも大きい。東海岸の素晴らしい海岸線の景色を機内から堪能することもままならず、やっとの思いで到着した。でも、地に足をつけ、新鮮な空気を吸うだけで、乗り物酔いがすっと晴れるから不思議なものだ。

花蓮空港はなかなか立派な建物である。台湾本島での軍民共用空港は4つあるが、そのうち、唯一東海岸に位置しているのが花蓮空港だ。着陸前より、軍民共用空港のため撮影禁止、というアナウンスが繰り返され、いかついい軍用機の格納庫がいくつも空港に並んでいた。強そうな戦闘機も見えた。

ターミナルは三角屋根が連なるガラス張り。建物内のチェス盤のような床と壁はすべてが特産の大理石だ。トイレの洗面台も、手を洗うのが申し訳ないほど立派な大理石でできている。

　日本統治時代からの古びた空港が、2004年に台湾一豪華な空港に生まれ変わった。到着ロビーの前には、台湾の先住民と漢民族の家屋をモチーフとして設計された広場と噴水が広がっている。まるで大理石御殿にいるようだ。自然とゴージャスな気分になる。

　早速レンタカーを借りて、太魯閣渓谷に向かった。

台湾東部は交通機関の整備が遅れているので、レンタカーがいちばん便利である。標識が中国語なので外国人には少し難度は高いが、台湾では日本の運転免許の中国語翻訳文さえ持っていれば普通に車を借りられる。さらに上級者には市内の移動にバイクを借りる人もいる。

「太魯閣國家公園東西横貫公路入口」の文字が刻まれた大きな大理石が太魯閣渓谷への入り口だ。その横には大量のヘルメットが置いてあり、無料貸し出しをしている。

「なんでヘルメット？」と不思議に思ったら、落石から身を守るためだという。近年、気候の変化で豪雨が多いため、落石が多発しているらしい。小さなヘルメットは気休めにしかならないだろうが、とりあえず借りることにした。もう少し長生きしてもっと本を書きたい。

　太魯閣渓谷の壁を伝い落ちる滝は下方で幾重にも枝分かれし、白いしぶきをあげている。一度

このゲートの先に、雄大な太魯閣渓谷の景色が広がっている。

に4人までしか通れない吊り橋は、まるでサーカスの綱渡りのようでスリリングだ。眼下には、渓流がたおやかに流れる。山を穿って通路にしたトンネルでは、合間から覗くグリーンと大理石の岩肌が一幅の水彩画のように美しい。水や風の音がクリアに耳に飛び込んでくる。

大理石の岩盤を浸食してできた渓谷は、ひとつとして同じ模様のところがない。同じ場所に立っても光の具合で見え方が異なり、仙境にいる気分になる。

「太魯閣」は、先住民タロコ族の名前「Truku」に由来する。タロコ族の言葉で「山間の平地」「住める場所」といった意味を持ち、日本統治時代に同じ発音の「タロコ」となった。

すれ違うのがやっとの吊り橋は、揺れも大きく、渡るのになかなか度胸が必要だ。

この太魯閣には知る人ぞ知る秘湯がある。「文山《ウェンシャン》温泉《ウェンチュワン》」という。「野渓温泉」というジャンルの温泉で、渓谷の自然のなかに湧き出し、そのまま温泉場になっている。ロマンチックに聞こえるが、実際は、たどり着くまでがなかなか一苦労である。

太魯閣の中腹にある泰山隧道横の一本道を下り続け、谷底を目指す。更衣室らしき小屋が現れるが、そこからが遠い。同時に最大5人しか渡れない吊り橋を渡り、さらに岩壁に沿って作られた階段を降り続けること約20分。ようやく温泉らしき場所が見えた。温泉へは、川面に渡された低い橋から欄干に垂れ下がる縄を摑み、スルリと川底へ降りる。

一生懸命歩いてきたので、うっすらと汗ばんだ体に、やや熱めの温泉が心地よい。温泉のすぐ横には急な川が流れている。結構な数の入浴者がいた。地元民らしき人々は手慣れた様子で自分の居場所を確保し、みかんやリンゴなどを美味しそうに食べていた。そこに観光客も混ざり、自然と会話が弾み始める。男女一緒、みな水着を着ている。

整備された場所とは言いがたいが、自然がそのまま残され、首まで湯に浸かれば、世俗的なことが脳裏から吹き飛んでしまうほど気持ちがいい。

太魯閣渓谷は、台北の故宮に次ぐほど有名な台湾の人気観光地として日本人に親しまれている。その太魯閣渓谷を走る道は、ときには切り立った峡谷の合間を縫うように、ときには岩壁を這うようにどこまでも続く。視線を上に向ければ、落石防止の防護ネットが目に入る。補強のため、コンクリートで岩肌を固めた部分は色が違うからすぐわかる。いま、観光バスや自家用車が列をなして優雅に進む道路は、元は軍用道路として切り開かれたものだった。

東台湾は、厳しい地理的要因や、先住民との対立もあって、台湾の中でも開発が遅れた。そこで、第5代台湾総督に任命され、1906年に着任した佐久間左馬太総督はまず、日本統治に反発する先住民対策として、「五箇年理蕃計画」を立て、綿密な準備探検（現地調査）を行った。同時に、先住民の集落間連絡道路を拡張したり、渓流に吊り橋をかけたりして、歩兵や大砲の車両が通れる軍用道路を整えた。

現在、太魯閣渓谷は花蓮県にあるが、「花蓮」という地名には歴史がある。日本統治時代は「花蓮港《ホワリエンガン》」と呼ばれていた。清朝時代、宜蘭から花蓮へ開墾に向かった漢人が、川が太平洋に流れ込み、打ち寄せる荒波と混ざり合いながら渦を巻く光景を見て、渦巻く意味の「洄瀾港《ホエランガン》」と名付けた。後に、発音の近い「花蓮」という漢字が当てられ、花蓮港に落ち着いたという。

船が停泊できる港が完成したのは1939年なのに、それ以前から花蓮港と呼んでいたのは不思議なことである。一説には、海岸線の多くが断崖絶壁で険しく、長らく築港が不可能と言われていた難所なので、そこに港を造ることが人々の願いだったことから、「港」の字を入れたとも言われている。

戦後になり、高雄や基隆は「港」があっても、地名に「港」を使っていないことから、花蓮港も「花蓮」へと改められた。

久しぶりの花蓮訪問は私には大きな意味があった。かつては「ただの石ころ」のイメージだった花蓮が、魅力溢れるキラキラ輝く大理石のように感じられ、もっと深く知りたいという気持ちが高まった。

思い思いに大自然の中の「文山温泉」を楽しむ人たち。

ほっこり食い倒れの街——花《ホワ》蓮《リエン》市《スー》 1

花蓮県の中心は花蓮市だ。久々に訪れた花蓮市に対する私の第一印象は「意外に広い」だった。ただ、それはあくまでも台北や高雄などの大都市に比べ「花蓮は小さい」という先入観があったからだ。花蓮市は東海岸随一の都市であり、広いのはある意味、当然である。

空港に着いたら、タクシーで市内に向かうか、レンタカーを借りてしまうのがいい。列車で花蓮駅を使うなら、市内巡りにレンタサイクルという手もある。市の周辺と海岸線にはサイクリングロードが整備されているので、最近は各宿泊施設にレンタサイクルが備えてある。駅前にもレンタサイクルのお店はある。ホテルも駅前にはたくさんある。花蓮駅は古い昔ながらの駅なのだが、最近、台湾国内での東海岸ブームもあって、駅周辺がかなり賑やかになっている。

花蓮県は総面積約４６００平方キロと台湾の「県」の中で最大だが、平地は総面積の７％しかなく、残りは河川が６％、そして山地が87％。人が住める部分はかなり限られる。

平地は、西側の中央山脈と海岸山脈にサンドイッチされた、細長い帯のような形で、台東県まで伸びる「花東縦谷」と呼ばれている。特に海岸山脈は花蓮市から始まるので、目の前にぐいぐい迫り来る巨大な山脈とまっすぐ果てしなく広がる海岸線の両方を目の当たりにでき、同じ島国でも、日本では見られないダイナミックさが感じられる。

花蓮市のシンボルには「美崙山《メイルンサン》」と「花蓮港」を挙げたい。

美崙山は海抜１０８メートルの小さな山だが、歴史上いつも重要な場所となってきた。

その昔、一帯は先住民族のアミ族の居住地であり、山の形が鬼頭刀魚（シイラ）に似ていたことから、アミ語でシイラを意味する「Parik」と呼ばれていた。清朝時代に入り、アミ族がここに大量の小米（粟）を植えて一面が穂の波だったことから、「米の波」を意味する「米浪《ミーラン》」に近い発音の「米崙」と名付けられ、それが戦後は「美崙」となった。

日本統治時代、美崙山からは花蓮市を俯瞰でき、港や太平洋も一望できたため、軍事的な要塞にしようと、アミ族を強制的に外部へ移住させた経緯があった。１９４２年に「花蓮港兵事部」が建てられ、軍事指揮を執ると同時に、上級士官の接待宿泊所として利用された。また、花蓮から出撃する神風特攻隊員が、出征前に天皇からの「御前酒」を賜る場所だったともいう。

戦後、「松園別館《ソンユワンビェコワン》」と名前を変え、アメリカ軍顧問団のレジャー施設として一時期使用されていたが、現在は観光地として一般開放されている。園内には樹齢１００年を越える立派な枝ぶりの琉球松がそびえ、背後に建つ回廊式の2階建て洋館に不思議とマッチしている。

台湾で最も保存状態のよい日本統治時代の軍事施設であり、カフェやお土産ショップもあるので、ゆっくりと建物や展示を見学しながら、のんびりと過ごせる。

美崙山の下には美崙渓が流れている。日本統治時代、山の斜面に立派な「花蓮港神社」が建立され、美崙渓には市街に通じる大きな吊り橋がかけられた。神社跡は現在「忠烈祠」となり、立派なコンクリートの橋がかかった。街を見下ろせる壮観な光景は当時と変わらない。

近くには木造の日本式家屋が何軒も立ち並ぶ「将軍府《チアンチュンフー》」がある。日本統治時代の日本軍の高官が住んでいた宿舎群だ。当時の指揮官であった「中村大佐」の宿舎なども含まれており、漢人たちは単に「偉い人」が住んでいるということで「將軍府」と呼んでいたのが名前の由来だとか。

週末や特別なときにイベントが行われる以外、普段は静かな場所だ。修復途中の日本家屋もあるが、かえってその雰気が昔のままに思え、歴史を感じる。

花蓮市で最初に発展した場所は、この美崙山を中心とした一帯だった。

日本統治時代の初期、花蓮はわずか30戸、81名の寒村にすぎず、東台湾の中心は台東にあり、花蓮は台東の「出張所」のような位置づけだった。道路と鉄道が整備され、次に港を造ることが熱望されたが、自然条件の厳しさから困難極まりないと見なされ、遅々として計画は進まなかった。ようやく待ち望んだ築港が決まったときのことは『東台灣展望』にこう記されている。

「とうとう昭和五年度に築港豫算は議會を通過し花蓮港街民は躍り上がってバンザイを連呼した。官民十五年間の待望であり、東臺灣の生きる道である、雀躍したのも無理でない」

莫大な予算が投じられただけでなく、大勢の日本人や漢人、先住民族が人足として駆り出され、花蓮港はついに1939年に完成した。今日、花蓮港はイルカやホエールウォッチングのメッカ

高級別荘地のような雰囲気の「松園別館」。高台にあるので眺めもよい。

として人気があるだけでなく、日本の石垣港と姉妹港関係になり、2016年5月より花蓮—石垣を5時間で結ぶフェリーが就航している。

美味しいお店は松園別館に通じる中正路と中山路、中華路一帯に広がっている。花蓮のグルメで外せないのは「炸彈蔥油餅《ザーダンツォンヨウビン》（バクダン葱おやき）」と「扁食《ピェンスー》（ワンタン）」と「包心粉圓《バオシンフェンユワン》（タピオカスイーツの一種）」だ。

普通の葱油餅は葱を細かく刻み、小麦粉に混ぜて焼くのだが、花蓮の葱油餅は焼かずに、油の中に完全に沈めて揚げる。さらに生卵も油で揚げ、半熟状態になったものを揚げた葱油餅でくるんで食べるのが花蓮流である。

揚げることで葱の香ばしい香りが一層強まり、アツアツでちょっぴりカリッとした葱油餅の中から、黄金色の黄味がとろりと溢れ出てきて、ちょっとこれはたまらない。高カロリーだと知っていても、せっかく花蓮にきたからと、一度に最低2個は食べてしまう。復興街に人気有名店が2店舗並んでいる。どちらもいつも大行列で、なぜ隣同士にあるのか謎ではあるが、台湾では時々こうした現象を見かける。食べる側としては近いから便利でいいのだけれど。

その「バクダン葱おやき」の近くには、花蓮でいま流行中のカフェ併設スタイルの古本屋の先駆け「時光二手書店《スーコワンアルショウスーディエン》」がある。雰囲気のいい平屋の古民家を改築し、書店にカフェを合体させ、雑貨も売るおしゃれなスペースとなった。葱油餅の店が混んでいるときはここで時間を潰すのもよい。

花蓮伝統の味といえば、「扁食」を思い出す人が多いだろう。扁食は中国の福建省で使う言葉で「ワンタン」のことだ。

ちなみに、ワンタンを言い表す言葉は中国各地で違っている。例えば広東や香港では雲呑、北京や上海は餛飩、四川省は抄手と呼んでいるが、基本的には全部同じだ。日本人の私にとって、ワンタンはワンタンで、扁食と言われてもピンと来ない。本当はワンタンがあまり好きではない。餃子は大好きでぱりっとした皮からジューシーな肉汁がしたたるのがたまらない。それに比べ、ワンタンはひらひらとした頼りない皮に、気持ちばかりのお肉しか入っておらず、私にとって食べても食べなくてもいい一品である。だけれども、花蓮市に行ったならまず扁食を食べなさい、と台湾の友人から言われていたので立ち寄った。

扁食有名店は「液香扁食《イーシャンピエンスー》」と「戴記扁食《ダイジーピエンスー》」。これも近接している。

半熟の黄身があふれ出る花蓮の「炸彈蔥油餅」。

一つひとつ丁寧に作られていく「戴記扁食」のワンタン。

ワンタンが苦手な私だが、ここで食べたワンタンは、素直に美味しいと思えた。別にサイズが大きかったり、特殊な餡が入っているわけではない。つるっとした皮と、ほどよい味付けの豚肉のバランスが絶妙で、決め手はスープ。クリアなスープにセロリと揚げた葱が少し浮いているだけなので、味は薄いだろうと思って飲んでみたらびっくり。おいしいコン

(左)かき氷の中から出てくる色とりどりの「包心粉圓」。(右)ジューシーな「周家蒸餃」の蒸し餃子。

ソメスープのように、深くてコクのあるうま味が口の中に広がった。

両店とも80年近い歴史がある。戴記扁食は、故・蔣経国《チアンチングオ》元総統が花蓮を訪れたときに必ず立ち寄った店として知られている。どちらもほとんど同じ味で、同じくらい美味しかった。後から聞けば、実はどちらの店も初代は同じ人物で、後に暖簾分けをしただけというから納得した。

「包心粉圓」はかき氷とタピオカ好きにはたまらないスイーツだ。これも「五霸焦糖包心粉圓《ウーパーチアオタンパオシンフェンユワン》」と「正宗包心粉圓《チョンツォンパオシンフェンユワン》」の2店が有名で、隣同士に店舗を構えている。どうも「2店併設」の法則が花蓮にはあるようだ。地元の人曰く、行列ができる具合は日によってまちまちで、バランスよくどちらも人気だそうだ。

粉圓はパールミルクティーに入っているタピオカのこと。通常の2倍くらいの大きさのタピオカに、いろいろな味の餡を包んでいることから「包心粉圓」と呼ばれている。黒糖や抹茶、桂圓(龍眼)、芋頭(タロイモ)、花生(ピーナッツ)味などがあり、色もさまざまでカラフルだ。

花蓮で有名なのは、この包心粉圓をお皿の底に入れ、上からふ

(左)店先も店内も西瓜だらけの「西瓜大王」。

(右)パイプから出てくる「廟口紅茶」。

❶捷安特-花蓮站（GIANTレンタサイクル）
花蓮市国興一街35号
☎ 03-833-6761
営 月-金 9:00~18:00 /土日 8:00~18:00
休 木曜日

❷車站100米（民宿）
花蓮市国興一街18号
☎ 0965-312-180
http://www.sioom.com.tw/

❸回然慢時旅居 Meci Hotel
花蓮市国連一路201号
☎ 03-836-1116

❹松園別館
花蓮市松園街65号
☎ 03-835-6510
営 9:00~18:00
http://pinegarden.com.tw

❺將軍府
花蓮市中正路622巷6号

❻炸彈蔥油餅
花蓮市復興街102号
☎ 0919-288-590 / 0931-121-661
営 13:00~ 売り切れまで

❼正老牌炸蛋蔥油餅
花蓮市復興街110巷2号横
☎ 0955-282-038
営 13:00~19:00

❽戴記扁食
花蓮市中華路120号
☎ 03-835-0667
営 7:30~24:30
http://www.daiwa.url.tw

❾液香扁食
花蓮市信義街42号
☎ 03-832-6761
営 9:00~ 売り切れまで
http://est.idv.tw/yexiang/

❿五霸焦糖包心粉圓專賣店
花蓮市博愛街165号
☎ 03-832-2929
営 10:30~22:30
http://fivebar.myweb.hinet.net

⓫正宗包心粉圓專賣店
花蓮市博愛街163号
☎ 03-833-3238
営 11:00~23:30

⓬公正包子店
花蓮市中山路199-2号
☎ 03-834-2933
営 24時間 休 無休

⓭周家蒸餃
花蓮市公正街4-20号
☎ 03-835-0006
営 24時間 休 無休
http://zhoujia.myweb.hinet.net

⓮惠比須餅舗
http://www.ebisu.com.tw

⓯洄瀾薯道
http://www.since1938.com

⓰西瓜大王
花蓮市中山路281号
☎ 03-832-2678
営 10:00~23:00

⓱廟口紅茶
花蓮市成功街216号
☎ 03-832-3846
営 6:00~25:00
http://038323846.tw.tranews.com

わふわのかき氷を乗せ、氷に圧力を加えてギュッと固め、ドーム状になったところにキャラメルソースと練乳をかけた一品だ。

こんな風に文字でいくら説明しても想像しにくいと思うが、外見はメロンパン、中を掘っていくと包心粉圓が出てくる。日本には絶対にない。台湾でも花蓮でしか見たことがない。

さらに2店セットの有名店をまた見つけた。

小籠包と蒸し餃子で人気の「公正包子《ゴンチョンパオツー》」と「周家蒸餃《チョウチアチョンチアオ》」だ。隣同士の2軒の店先には、幾重にも重ねられた蒸籠と、忙しそうに皮に肉餡を包むスタッフたちがいる。メニューは2店舗ともほとんど同じ。「小籠包」と書かれているのは、台湾で有名な薄皮でスープたっぷりの小籠包ではなく、皮が厚いややこぶりのプチ肉まんのこと。

ほかにも水餃子や蒸し餃子があるが、味としては、小籠包は公正包子に、蒸し餃子は周家蒸餃に軍配が上がった。2店の向かいにはフレッシュフルーツのジューススタンドなどもあり、この辺りは小吃店が多い。深夜まで営業しているので旅行者にはありがたい。

花蓮のお土産としては「剝皮辣椒《ポーピーラーチアオ》」「惠比須餅舗《ホイピーシェイピンプー》」「洄瀾薯道《ホエランシューダオ》」の3つをお勧めしたい。

「剝皮辣椒」は青唐辛子を醤油漬けにしたものだ。辛いのが大好きな私は、これがあればごはんを何杯でも食べられる。産地としては花蓮の南にある鳳林鎮のものが有名だが、花蓮市内でも売っている。漬け汁は、炒め物の味付けにちょうどよい。日本どころか台北でも入手しにくく、瓶詰めなので、破損を考えるとまとめ買いもできない。

最近は同じ花蓮の品で「山豬皮辣椒《シャンチューピーラーチアオ》」にはまっている。猪の皮をニンニクと唐辛子で漬けたものだが、パリパリとしていて、これがまたごはんに合う。ちょっとしたお酒のおつまみにもなり、先住民料理のレストランでもメニューにある場合が多いので、まずは一度試してほしい。

1899年の日本統治時代、日本の和菓子を懐かしんだ安富君という名前の日本人によって開かれたのが「惠比須餅舗」だ。店を一緒に切り盛りしていた地元の台湾人・張《チャンファン》房とサツマイモを使った芋まんじゅうを商品開発し、店を代表する一品「花蓮薯」となった。天皇に献上するお菓子に指定され、その後も、いくつもの賞を獲得している。昔の味を守りながら、現在は3代目が店を継いでいる。素朴な味の芋まんじゅうは誰の口にも合う。

「洄瀾薯道」もサツマイモを使うお菓子屋さんだが、惠比須餅舗より台湾ぽいお菓子を作る。イチ押しは「黒糖蜜蕃薯」だ。黒砂糖で煮込んだサツマイモで、しっとりとした干し芋のような食感。歯にくっつきやすいのが難点だが、1つでお腹が一杯になる。

「西瓜大王《シーコワダーワン》」の西瓜ジュースと「廟口紅茶《ミャオコウホンチャー》」も紹介したい。

花蓮は毎年、収穫シーズンになると「西瓜節（スイカ祭り）」が開かれるほどスイカで有名だ。西瓜大王はその名の通り、スイカを専門にした店で、水や砂糖を一切加えない100％原液のスイカジュースをはじめ、スイカミルクジュース、スイカリンゴジュース、スイカパイナップルジュースなどがある。スイカ原液のジュースは驚くほどの甘味がありながら、さっぱりとしていて、暑い台湾にぴったりな飲み物だ。カットしたスイカも食べられる。

スチール製のパイプから出てくる紅茶で有名なのが「廟口紅茶」。なぜパイプからと思うかも知れないが、お店に行けば納得できる。2階の天井から続くパイプ3本がそれぞれ「杏仁《シンレン》（アーモンド）」「紅茶《ホンチャー》」「酸梅《ソワンメイ》（いぶした梅）」と表記され、パイプを通る間に冷やされた飲み物が出てくる仕組みだ。これはこれで便利である。ドリンク以外に朝食サンドイッチからおやつのマカロン、夕食のチマキとなんでも揃う。地元の人が思い思いに食べながら、お茶を楽しんでいる風景がなんとも素朴で、自分もその一員になりたくて、つい足を運んでしまう。

街がリノベで活気づく――花蓮市　2

花蓮市の中心部には、1913年に建てられた酒造場をリノベーションした「花蓮《ホワリエン》文化《ウェンホワ》創《チョワン》意《イー》（産業）園區《ユワンチュイ》」がある。総面積1500坪以上あり、かつての倉庫や宿舎、醸造所はモダンなレストランやカフェ、アートギャラリーなどに変身し、多くの観光客や文学青年たちなどが連日訪れている話題の場所だ。

近年、日本統治時代の砂糖やタバコ工場、酒造場など、台湾各地の使われなくなった産業遺産跡地がそっくりそのまま「文化創意（産業）園區」に変身するケースがとても多い。実は「文化創意」自体、一体何を示しているのか、いま一つイメージしにくいと思っていた。

一般的に、文化創意産業とは、2002年から台湾が国を挙げて推進している「自らが取り組む商品開発や設計プロジェクト」のことを指すのだけれど、ちょっと難しくて、なんだか意味がよくわからない。

台湾文化に精通している前出の台湾人漫画家・哈日杏子さんに聞いたところ、「オシャレなカフェやショップや、そこで売られているオリジナルブランドの雑貨みたいなものをすべて合わせた総称」と教わった。なるほど、と納得した。確かに、文創園区には必ずカフェや雑貨店があり、もれなくオリジナルTシャツや可愛らしい小物が並んでいる。

リノベと言えば、近頃台湾全土で、日本統治時代の民家を改築した民宿が各地にできている。私も台湾旅行の新しい楽しみ方の一つとして、積極的に泊まっている。花蓮市内では「説時依《シュオスーイー》舊《チウ》」と「連雀通《リエンチュエトン》」という2軒が見つかった。2軒とも同じ経営者で、ともに節約街にある。希望した日は平日にもかかわらず、全て満室だった。

泊まれないならせめて見学だけでもできないかと、経営者の黄絜宜《ホワンチエイー》さんに頼み込み、内部をチラッと見せてもらった。

1981年生まれの黄絜宜さんは、花蓮市から約90キロ南へ下った玉里に生まれ育ち、台北で銀行に就職した。憧れの台北生活だった。ところが今から約8年前、花蓮への異動を言い渡された。便利な台北を離れ、田舎に戻るのは嫌だったが、生活を始めてみると「ゆったり」とした花蓮が気に入り、そのまま花蓮に残ることにした。将来を誓い合うパートナーも見つかった。会社を辞め、パートナーと一緒に飲食店を開くために探し当てたのが、築80年以上の歴史を持つ、耳鼻科の診療所として使われてきた日本家屋だった。

鍋料理のお店を開く予定で、道路に面した部分はガラス張りにした。木造だったので、厨房部

(右)花蓮市の節約街で日本統治時代の民家を改築し、民宿をつくって大人気となった黄絜宜さん。(左)ブルーに赤がアクセントとなっている民宿「連雀通」。

分は石造りに変え、いよいよオープンというときにパートナーに去られてしまったのだ。経営に対する考え方の違いから、関係が冷えてしまったという。

途方に暮れた黄絜宜さんは、1人でも経営できるように、思い切って180度方向転換し、建物の持つレトロ感を前面に押し出した民宿「説時依舊」にしたのが大当たりした。

「説時依舊」という名前は、大好きな台湾人の現代作家・三毛《サンマオ》が作った歌詞で、意味は「昔と何も変わらない」。民宿では残された古いものと新しく持ち込んだものがきちんと調和している。

2軒目の「連雀通」は最近できたばかりだ。日本統治時代、節約街が「連雀通り」という名称だった歴史にちなんだ。こちらもかなりの古さを感じさせるが、1階は通りから続くリビングとなっており、典型的な台湾の三合院の造り。2階に上がると、和式の造りになる。和中折衷の面白い建物だ。朱塗りの玄関が目を引き、道行く人は必ず足を止め、写真を撮る。

華奢で一見内向的に見える黄絜宜さんだが、いろいろな経験を経て、笑顔には確固たる自信と花蓮への思いが満ち溢れていた。今回泊まることはできなかったが、節約街が花蓮の文化創意ムーブメントの中心となっていることを教わった。

花蓮の文化や生活を発信する冊子『o' rip』を作りながら、地元の雑貨や食品を販売し、ライフスタイルを提案するお店「o' rip」。

民宿とレストランを併設する雑貨店「花蓮日日《ホワリエンリーリー》」。

シンプルでモダンな洋服を販売し、軽食を楽しめるカフェも併設した「Olitree」。

彫金体験ができるアクセサリーショップ「翼想花蓮《イーシァンホワリエン》」。

かつての印刷工場をリノベーションしたコーヒーショップ「咖啡鋪子《カーフェイプーツー》」。

100メートルもない節約街に、若者が経営する文化創意の店が軒を並べている。空き家の古民家がまだまだあるので、今後、さらに増えるだろう。地価も結構上がってきているらしい。

それにしても、節約街という名前は面白い。なんだかお店に入ってもお財布とにらめっこしそうな名前で、衝動買いを抑えられそうでありがたい。


「文創」と並んで台湾各地で流行しているのが、「二手書店（古本屋）」である。

東京・神田の古本屋は減っているらしいが、台湾ではカフェと同じように次々と古本屋が現れている。商売が成り立つのか心配してしまうほどだ。

花蓮を代表する古本屋は、2003年にオープンした前出の「時光二手書店」。台湾のテレビ局の記者だった呉秀寧《ウーシウニン》さんが開いて話題となった。

テレビの仕事を捨てるのには、ちょっとしたきっかけがあった。資源回収に関する取材をしていた際に、多くの本が新品同然で廃棄されるのを目撃した。捨てられる本に居場所を作れないか。捨て犬や捨て猫の保護にもともと関心があったので、「捨て本」のために転身を決めた。

最初の数年はぱっとせず、一緒に古本屋を開いた元同僚は去っていった。呉秀寧さんはくじけることなく、改めて築70年の日本家屋をリノベし、「時光二手書店」と名付けて開店した。多くの本をそろえ、呉秀寧さんが拾って育てる猫たちと優しい店の雰囲気が徐々にネット上で評判を呼び、いつの間にか、花蓮を代表する文化創意の空間として認められるようになった。

数年前には、軽食と読書を楽しめる喫茶店「時光《スーコワン》1939」を開いた。今度は1939年に建てられた日本家屋を改装したからだ。細い道の奥まった先にあるので見つけにくいが、敷地内の庭には飛び石や灯籠が置かれ、靴を脱いで上がるタイプだ。

思わず自然に「ただいま」と言いたくなる優しいムードが漂う。各部屋の間の仕切りは取り払われているが適度に客同士のプライバシーは保たれている。長机や学校机、丸テーブルもそれぞれ個性的で面白い。

ベジタリアン仕様のサンドイッチを注文したあと、壁にびっし

(左)図書館のような雰囲気の「時光二手書店」。
(右)日本統治時代の民家をそのまま改修してできた「時光1939」。

り並べられた本を手に取ろうとして驚いた。私の初めての著書『私の箱子《シャンズ》』があった。しかも日本語版。呉秀寧さんは「表紙が可愛いから飾ったの」という。素敵な表紙を描いてくださったイラストレーターの松尾たいこさんに感謝。花蓮の古本屋での思わぬ出会いに、嬉しい気持ちで一杯になった。

⑱花蓮文化創意（産業）園區
花蓮市中華路 144 号
☎ 03-831-2111
㊋ 9:00~24:00
http://www.a-zone.com.tw

⑲説時依舊
花蓮市節約街 6 号
☎ 0918-620-575

⑳連雀通 23 番
花蓮市節約街 23 号
☎ 0918-620-575

㉑ o'rip
花蓮市節約街 27 号
☎ 03-833-2429
㊋ 12:00~21:00
https://orip.wordpress.com

㉒花蓮日日
花蓮市節約街 37 号
☎ 03-831-1770
㊋ 11:30~20:30
https://hualiendaily.wordpress.com

㉓ Olitree
花蓮市節約街 19 号
☎ 0912-225-415
㊋ 11:30~22:00

㉔翼想花蓮
花蓮市新港街 41 号 1F
☎ 0910-660-905
㊋ 12:00~22:00

㉕咖啡鋪子
花蓮市節約街 8 号
☎ 03-832-2575
㊋ 8:30~21:30

㉖巷小老宅子
花蓮市新港街 61 巷 7 号
☎ 0953-759-000 / 03-833-0617
80 年前の平屋をリノベーションした民宿。節約街近く。

㉗時光二手書店
花蓮市建国路 8 号
☎ 03-835-8312
㊋ 13:00~22:00

㉘時光 1939
花蓮市民国路 80 巷 16 号
☎ 0953-759-000 / 03-832-1939
㊋ 9:00~18:00 ㊡ 木曜日

※地図は 90 頁参照。

移民村の神社――台湾人の「記憶」

花蓮は、日本人がかつて大勢暮らしたところだ。彼らは農業移民だった。日本統治50年の間に、親から子、子から孫への生活を続け、根を張っていった。

私の生活の拠点は東京だけれど、頻繁に台湾に行っている。仕事もあるが、台湾は気分転換の場所でもある。台北に着いたらまず新聞を買い、映画情報を探す。東京では、映画館で映画は観ないが、なぜか台北だと俄然行く気になる。交通の便の良さや日本の半額以下という安さも理由かもしれない。旬の台湾映画には最新の台湾情報や世相が反映され、若者の文化からデリケートな政治問題まで楽しみながら理解できるから嬉しい。

2015年9月に台湾で『灣生回家《ワンションホイチア》（邦題：湾生回家）』という映画を見た。「湾生」とは、戦前の台湾に生まれ育ち、戦後日本に引き揚げた日本人のことを指す言葉だ。

かつて花蓮で暮らしていた湾生たちが多く登場し、幼いころの記憶をたどるルーツ探しをテーマにしたドキュメンタリーだが、構成が素晴らしく、フィクションの作品を観ている気持ちになる。セリフの9割以上が日本語で、台湾映画ということを忘れて観入った。

一緒に遊んだ友だちや、慣れ親しんだ家を捨て、台湾を引き揚げる湾生たちがどれほど辛かったか。「台湾は私の故郷」という言葉に、自然と感情移入し、涙が溢れた。

この映画に、特別な思いを感じたのには、理由がある。

父は日本統治時代に台湾で生まれた。10歳で日本へ内地留学し、終戦を日本で迎えるまで「日本人」として育った。家族と離れての東京生活だったが、多感な時期を東京で過ごし、父にとっての故郷は間違いなく「日本」だった。その後、父は日本から台湾に引き揚げても、台湾の生活に慣れることができず、密航で日本に舞い戻った。そして日本で暮らし、日本人の母と結婚し、私と妹が生まれた。

台湾人なのに台湾に馴染めず、日本での生活を選んだ父。湾生とは真逆だが、背負った悲哀はやや似ている。父が映画に出ていたら、「日本が自分の故郷だ」と言っているだろう。

私が14歳のときに父は亡くなった。父の台湾や日本に対する思いを聞いたことはないが、日本の父の友人たちから、終戦後、台湾に戻れば2度と会えないかもしれない日本の友との別れや、自分は日本人なのか台湾人なのかというアイデンティティについて深く悩んでいたと聞いている。

日本人。台湾人。アイデンティティ。戦争。引き揚げ。

父の心を映し出すキーワードはいくらでも考えつく。でも、本当のところはわからない。父は何も話さずに逝ってしまった。

「うさぎ追いし　かの山　こぶな釣りし　かの川」

映画のスクリーンから、歌声が聞こえてきた。湾生が目に涙をためながら歌っている。父の姿がダブる。彼らの吐き出す感情と言葉は、父の思いそのもののように思えた。

私は日本生まれだが、生後すぐに台湾に渡り、11歳まで台湾で育った。台湾よりも日本での生活のほうがずっと長いが、言葉、食生活、嗜好など、台湾人的だと言われることが多々ある。生まれ育った環境と教育はその人の一生を大きく左右するということを、このごろよく考える。

花蓮という場所は平地が少ない。西側を3000メートル級の山々に占領され、太平洋側からは海岸山脈に追いやられ、両山脈に挟まれたわずかな隙間に、集落が生まれ、街が育った。

東台湾に先住民以外の民族がきちんと住み始めたのは、1600年代の宜蘭が最初だった。その後、宜蘭の南にある花蓮へ少しずつ人の流れができ始め、1800年代から本格的に漢民族の入植が盛んになった。日本統治時代は台東が先に開発され、花蓮はいつも後回しにされていた感が強い。

昭和の初期に台湾を調査研究した『帝国主義下の台湾』(矢内原忠雄著)などには、東台湾の開発には内地の移民と先住民の同化が必要だと書かれているが、まさにこのことを最初に実行したのが日本人実業家で、台湾で建築業などを営んだ賀田金三郎だった。

賀田は労働力不足解消のために、日本各地より移民を募り、1900年前後、現在の寿豊郷に台湾初の移民村「賀田村」を立ち上げた。『知られざる東台湾』によれば、台湾に移民村が誕生した背景には、貧しい農業国家日本では、一攫千金の夢を持った多くの若者が、狭い日本から脱出し、海外雄飛の機会を狙っていた状況がある。

だが、現実は厳しかった。当時首狩りの風習を持つ先住民族との闘いや、風土や気候の違いによる病気に悩まされ、移民たちは次々と日本に戻り、なかなか定着しなかった。

その後、日本人と先住民、台湾人との交流と同化を深める目的をこめた模範的移民村を建設すべく、本格的な官営移民村として、1910年、賀田村の近くに「吉野村」が完成した。徳島県吉野川流域の人々が多く入植し、吉野村と名付けられ、9戸、20人の移民からスタートした。

官営移民村は吉野村に続き、1913年に寿豊の「豊田村」、1914年に鳳林の「林田村」が相次いで完成し、福岡、広島、熊本などから移民が集まった。

内地での移民募集には、台湾に永住する覚悟があること、農業を専業とすること、家族を帯同できること、素行がいいこと、ある程度の現金を持っていることなどの厳しい条件があり、その分、総督府は土地の割当てや家屋の提供など、手厚い保護政策を施し、次々と花蓮に日本人が住み始めた。

しかし、どんなにいい条件でも、慣れない土地での暮らしには、想像を絶する苦労が絶えない。特に花蓮は「一度入ると帰れん港」と悪口を言われたくらい自然条件が厳しく、ハブやマラリアに怯え、ときに台風に家を吹き飛ばされながら、不毛の地に無から有を生むような開拓作業を延々と続けなければならなかった。

『知られざる東台湾』には吉野村で育った人々の思い出が多く記述されている。当時の様子を描いた詩を、以下に抜粋する。

鳳林にある整備されたばかりの「林田神社」。
昔の写真を元に、鳥居や石灯籠が再現されている。

オラが昔の　ふるさと音頭（黒木勇の吉野村開拓民回顧詩より）

始めは道も家もなく　雑木柱のカヤ建てて　ランプかこみて夕餉とる
蕃人の出草におびえつつ　笑いも消えし吉野村

住みて間もなく大しけに　家みな倒れ野宿して　医者も薬も糧もなく
病人ふえて世を去りし　もの多かりき吉野村

蕃害マラリア恙虫　風土の変るあまつちに　いばらの道をふみ越えて
あれ野拓くや三十年　楽土となせし吉野村

光と水にめぐまれし　作りだしけり吉野村　タバコに甘蔗アンコ芋
村特産とたたえられ　日本の宝庫吉野村

まさに、苦労のなかでも、たくましく生き抜いた日本人の心の声だ。

花蓮市から約15キロ南に離れた寿豊に、移民村の豊田村があった。その豊田村にあった「豊田神社」は、いま中国式の仏教寺院になっている。本殿から約1キロも離れたところに鳥居があるが、そこには「碧蓮寺」の文字が掲げられていた。かつての参道の両脇にはいくつもの柱が行儀よく並び、さらにその先に、石灯籠が見えてくる。石灯籠の外周を囲むように中華様式の回廊があり、本殿は屋根に何匹もの龍が舞うきらびやかな廟形式で、入り口に狛犬、内部に不動明王が祀られていた。まさに和と中のコラボのような元神社は、なんとも不思議な空間である。

豊田村からさらに南に約10キロ下った鳳林に、移民村の林田村がある。３つの部落に分かれ、九州、四国、中国など西日本からの移民が多かった。原生林に覆われ、物騒な場所だったうえ、灌漑用水に恵まれず、条件的に厳しいところだったので、タバコ栽培に人々は希望を託した。今日でも、タバコを乾燥させるための「煙楼《イエンロウ》」と呼ばれた建物が多く残っている。旧煙楼の屋根には苔が生え、歴史を感じさせるが、人が住んでいるところもある。

日本統治時代の名残の多くは復興路沿いにあるが、特に目を引かれるのは１９１５年に建立された林田神社だ。畑が広がる道路脇の真新しい塀が続く先に、突如現れるコンクリート色の巨大な鳥居。二の鳥居まである。きれいに舗装された参道の両脇には純白の玉砂利が敷かれ、石灯籠が配置されている。桜の苗木も植えてあり、敷地内はきれいに整備され、一番奥には、玉垣が巡らされていた。

本殿が見えないほど遠くの道に突如現れる
豊田村の「豊田神社」の鳥居。

伊藤太郎吉、石里敬次郎……。少し見難

くなっている部分もあるが、よく見ると、その一つひとつに日本人の名前が刻まれている。肝心の神社は見当たらない。本殿に通じる階段と、土台らしきものが残っているだけとなっている。ガジュマルの根は土台を深くがっしりと囲み、かつての神社部分はぽっかりとした空間になっている。まるでガジュマルに飲み込まれてなくなってしまったようだ。

「世紀鳳林百年林田紀念碑　1914―2014」

入り口近くに、記念碑がある。2014年、地元の有志が神社復活の声を上げ、鳥居や周辺の環境整備に取り組んだものだ。

あえて本殿を復元させなかった理由を林田神社の復活運動の中心に立った李美玲《リーメイリン》さんに話を聞いた。

「アンコールワットのようにしたかった」

この一言で納得させられた。つまり、あるがままの状態を最大限に残しつつ、確かにその昔この場所に存在した神社を、後世に伝えるための運動だったという意味である。

彼女はこうも言った。

「人要痕跡《レンヤオヘンチー》（人には痕跡が必要なの）」

そう話す李美玲さんは高雄から花蓮に嫁いできた人だ。地元の人ではない。縁があって、この鳳林に住んだが、子供を持ったことで、きちんと自分の村の歴史を勉強したいと思った。

ただ、日本の神社を復活させるとなると、快く思わない人も出てくるのではないだろうか。何しろ、かつて台湾では、神社は「日本の皇民化の象徴」ということで、破壊される対象になった時期もあった。

　李美玲さんはこう語った。

「難しい問題はあるでしょうけど、私たちの村の老人たちは日本時代を懐かしがっています。そんな小さな真実は伝えていってていいのではないでしょうか」

　かつての移民村には日本人が住んでいたが、労働力不足を補ってきたのが、台湾人の移民だ。日本人村の外には台湾人村があった。先生と学生、恋人同士、雇い主と従業員などさまざまな関係のなかで、日本人と台湾人が共生し、その間に生まれた絆はいまでもしっかりと地域の記憶として残っている。

　日本人の勤勉さとまじめさで、未開の土地に命が吹き込まれ、官営移民村は時間をかけ成長し、自治運営による民営移民村へとシフトしていった。学校や病院などは生活に必要な施設だが、大切にされたのは、人々の心のよりどころとなる神社だったのかもしれない。

　日本統治時代に建てられた神社は、跡形もなくなってしまったものもあれば、台湾各地の忠烈祠のように外観が完全に中華様式に変わったものもある。地図に記されていないところも多く、思いがけず発見する場合が多い。

　林田村から離れ、花蓮の最南にある安通温泉に向かう途中に立ち寄った玉里の街にも神社との出会いがあった。

　日本統治時代、先住民に対する「理蕃政策」の一つとして、台湾本島を東西に横断する「八通関越嶺道路」が造られたが、玉里はその起点となる街である。街に入る西辺街を車で走っていると、民家の屋根からにょきっと伸びる鳥居が目に入ってきた。なにかのオブジェだろうかと思った。近づくと、鳥居の片方の柱が完全に民家の屋根から突き出ていた。

そこは、1928年に建立された「玉里神社」の跡地だった。

鳥居をくぐった両脇には民家が建っている。こんもりと樹が生い茂る小高い丘に続く石段が伸びていたので、歩みを進めた。かなり急な階段で息が切れそうになる。登った先に、二の鳥居と石灯籠が現れた。ここからは木製の新しい階段となり、草木の手入れも行き届いている。頂上に上がると視界は急に開け、奥には社殿の土台部分のみが残っていた。林田神社と同じだ。

小高い山全体が神社となっており、玉里平野が一望できる実に見晴らしのよい場所だ。昔、夏休みの度に訪れていた叔母の家の近所にあった神社とよく似ていて、なんだか懐かしい。

玉里神社の復活を推進したのは、地元の郷土史家であり、教師でもある黄家栄《ホワンチアロン》さんだ。黄家栄さんの出身地は玉里の近くの「瑞穂」という場所だ。瑞穂は、吉野、豊田、林田の3つの移民村に次ぎ、4番目に規模の大きい移民村があったところ。自分の故郷の名前の由来が、古事記に登場する「豊葦原瑞穂国《とよあしはらのみずほのくに》」であることから日本に興味を持ち、神社について研究するようになった。東海岸の神社について、修士論文も書いている。土日ごとに花蓮各地の神社を探検し、一つひとつ見つけていくうちに、玉里神社にたどりついた。

鳥居に参道、石灯籠など、生い茂った雑草のなかに、神社の痕跡が残っていた。

史料にあたってみると、花蓮県内だけでも20カ所以上の神社があったことが分かり、自分の足で回るうちに、記録に残っていないものも見つかった。少なくとも50カ所以上はあることを発見したが、大半が荒廃していた。規模の大きい方だった玉里神社も遺構は完全に雑木林の中に埋もれていた。玉里神社を見つけた2007年、黄家栄さんが復活のために賛同者を募ると、20人以上が集まった。

毎月のように雑草の抜去や周辺の整備を行った。そんな地道な活動が評価され、2008年には神社が花蓮県の古跡にも指定された。

「人知れず眠っている玉里神社の跡を見ていると、すごく神秘的な感じがしました」。黄家栄さんはそう語った。玉里神社の存在意義は「私たち地元の人間が自分の歴史を振り返ることができることにある」という。

民主化が進み、報道や言論も自由になった台湾では、この20年ほどの間に、自らを中国人ではなく台湾人であると位置づける「台湾アイデンティティ」が主流化した。そんな時代に育った黄家栄さんたちにとって、神社の再建は「台湾人」の過去を確かめる手段なのかもしれない。

それにしても、日本統治時代に建てられた無数の神社のほとんどは、何故、そして、いつごろ破壊されたのだろうか。

『清除臺灣日據時代表現日本帝國主義優

鳥居の片方の足が民家から突き出ている「玉里神社」。階段を上った奥にかつての本殿がある。

越感之殖民統治紀念遺跡要點』

　突如、黄家栄さんは長くて難しい言葉を並べた。

　1972年の日華断交（日本と中華民国の国交断絶）により、国民党政権は日本に反発し、1974年2月25日「日本統治時代における日本帝国主義の優越感と植民統治を表す記念遺跡の除去の要点」というタイトルの内政部通達によって、多くの神社遺跡が破壊された。

「もったいないことをしたよ」こう言いながら、黄家栄さんは週末に、またどこかに眠っている神社探しに出かけると意気込んでいた。

　玉里からほど近い場所に安通温泉がある。派手さはないが、泉質が良く、歴史がある温泉場だ。交通部観光局花東縦谷国家風景区管理処によると、1904年に湧出する温泉を日本人が見つけ、総督府や警察庁の招待所として使われてきた。「安通」はアミ語で「硫黄くさい」の形容詞「On-cio」を漢字にしたものである。

　白濁したお湯は地名通りもの凄い硫黄臭で参ったが、肌はツルツルになり、体はいつまでもぽかぽか。まさに極上の湯を存分に楽しめる。

　露天風呂の湯につかりながら、花蓮の移民村や神社のことをあれこれ考えた。

『灣生回家』に登場する日本人は、かつて生まれ育った移民村を訪ね歩き、自分の記憶の一つひとつを拾い集めていた。

　旧知の友との再会、歩いた道路、通っていた学校、食べた味……。

最初はあるいは招かれざる客だったかもしれない日本人。しかし、いつしか台湾の大地に生きる民となっていった。そして、少なくとも、彼らは一つの空の下で、私がいま見上げているのと同じ星を見上げながら、生きていたのだ。

「日本人と台湾人は共生していました。だから絆が深いのです」

以前、台湾人の知人が私に語っていたこの言葉が、しみじみ思い出された。

温泉 SPA が充実した「安通温泉飯店」。
ものすごい水圧で肩凝りもすっきりした。

☎ 03-870-4601
㊔ 11:30~20:00
アミ族料理の老舗。看板メニューは「石頭火鍋」だ。

H 花蓮觀光糖廠
花蓮県光復郷大進村糖廠街 19 号
☎ 03-870-4125（内線 200）
㊔ 8:00~20:00 ㊡ 無休
http://www.hualiensugar.com.tw/index.asp
かつての製糖工場。日本統治時代の建造物をリノベした宿泊施設もある。

【瑞穂郷】

瑪卡多庭園咖啡
花蓮県瑞穂郷温泉路 2 段 311 号
☎ 03-887-0000
㊔ 17:00~21:00（昼食は要予約）
㊡ 水曜日
野菜をこれでもかと使った「野菜鍋」を楽しめるお店。

H 蝴蝶谷温泉渡假村
花蓮県瑞穂郷富源村広東路 161 号
☎ 03-881-2377
㊔ 9:00~21:00（園区内）
http://www.bvr.com.tw
森のなかの温泉付き高級リゾートホテル。

【玉里鎮】

玉里神社
花蓮県玉里鎮西辺街 19 巷 62 号

廣盛堂
花蓮県玉里鎮中山路 2 段 82 号
☎ 03-888-2569
㊔ 7:00~21:40
1905 年に日本人が持ち込んだ羊羹を台湾人が改良した老舗。

玉里麵
花蓮県玉里鎮中山路 2 段 94 号
☎ 03-888-1613
㊔ 7:30~19:00
玉里の代名詞となっている「玉里麵」のお店。

阿嬤の焼仙舗
花蓮県玉里鎮光復路 55 号
☎ 03-888-2490
㊔ 15:00~23:00
天然の仙草を使い、防腐剤なしの仙草ゼリーの名店。

橋頭臭豆腐
花蓮県玉里鎮民権街 15 号
☎ 03-888-2545
㊔ 17:30~ 売り切れまで
臭豆腐の有名店。千切り大根とバジルをのせるのがこの店の特徴。

安通温泉飯店
花蓮県玉里鎮楽合里温泉 36 号
☎ 03-888-6108

【吉安郷】

吉安慶修院
花蓮県吉安郷吉安村中興路 345-1 号
☎ 03-853-5479
㊢ 8:30~17:00 ㊡ 月曜日
http://www.yoshino793.com.tw
前身は旧・吉野村の布教所。本尊は弘法大師で、四国八十八カ所霊場の本尊もある。

吉野拓地開村紀念碑
花蓮県吉安郷慶豊村中山路 3 段 526 巻 52 号

吉野神社鎮座紀念碑
花蓮県吉安郷慶豊村中山路 3 段 473 号

吉安黄昏市場
花蓮県吉安郷慶豊村中山路 3 段 2 号（中山公園前）
㊢ 15:00~19:00
アミ族独特の飲食文化をのぞける市場。

銘師父餐廳
花蓮県吉安郷太昌村明義 6 街 38 巻 22 号
☎ 03-858-1122
㊢ 11:00~14:00 / 17:00~21:30
㊡ 第二火曜日
http://www.chefming.com.tw
宜蘭生まれの有名シェフが地元や先住民の食材を使うモダン中華レストラン。

【寿豊郷】

碧蓮寺（旧・豊田神社）
花蓮県寿豊郷豊裡村民権街 1 号
☎ 03-865-3579

豊田村（壽豊郷文史館）
花蓮県寿豊郷中山路 320 号
☎ 03-865-3830
㊢ 8:30~12:00 13:00~17:00
㊡ 月・金曜日、旧正月

立川漁場
花蓮県寿豊郷共和村魚池 45 号
☎ 0800-007-111
㊢ 8:00~17:00
http://www.lichuan.tw
シジミ好きな人なら必ず訪れて欲しい「シジミランド」。

秘密雞地
花蓮県寿豊郷池南村路 4 段 30 号
☎ 03-865-1729
㊢ 10:30~24:00
鶏まるごと一羽を焼いた「桶仔雞」が看板メニュー。猪やダチョウなども。

豐春冰菓
花蓮県寿豊郷寿豊路 1 段 79 号
☎ 03-865-1530
㊢ 8:00~21:00
100%サトウキビの絞り汁を使ったかき氷。

【鳳林鎮】

客庄移民村警察廳（元・花蓮港廳鳳林支廳林田警察官吏派出所）
花蓮県鳳林鎮復興路 71 号
☎ 03-876-2772
㊢ 9:00~12:00 / 13:30~16:30
㊡ 月 ~ 木曜日

明新冰菓店
花蓮県鳳林鎮新生街 26 号
☎ 03-876-4168
㊢ 11:00~14:00 / 17:00~21:30
小豆と大豆、ピーナッツに練乳をかけた「三豆冰」が名物。

【光復郷】

紅瓦屋
花蓮県光復郷大全村大全街 62 巻 16 号

映画の「ふるさと」を訪ねて——港口村《ガンコウツン》

2016年6月、花蓮県豊濱郷の「港口村」を訪れた。花蓮市から約70キロ南に下ったところにある、主に先住民のアミ族が暮らす小さな集落で、あと数キロで南の台東県に入る。

ある映画に心を動かされ、この目で映画の撮影地を見たくなった。

台湾の各地を旅した動機はいろいろあった。食べたいものがある、知り合いがいる、リラックスしたい、買いたいものがある、ただなんとなく……と理由はいろいろだった。映画が動機となったのは初めてだった。

2015年に公開された『太陽的孩子《タイヤントーハイツー》（邦題：太陽の子）』という映画を台北の映画館で観たのは「実話に基づく作品」という点にひかれたからだ。舞台は、港口という集落だった。漢民族の鄭有傑《チョンユーチエ》監督とアミ族で港口出身のレカル・スミ監督の2人の作品だ。レカル・スミ監督が2年の歳月をかけて撮ったドキュメンタリー『海稲米的願望《ハイタオミートーユワンワン》』に感動した鄭有傑監督が、レカル・スミ監督に一緒に映画を撮ろうと呼びかけて誕生した作品である。撮影も港口で行った。

アミ族の主人公の女性は、台北でジャーナリストとして働いていたが、故郷に残した父親と2人の子供のことがいつも気になっていた。父親が病気で倒れたのをきっかけに故郷に戻り、ホテル開発に直面する現実を目の当たりにする主人公。残された先祖代々の土地の大切さを痛感し、失われた稲作の復活を通して、家族や村の人間関係を蘇らせていくというストーリーだ。

出演者の言葉の力と表情、そして風景が素晴らしく魅力的だった。一つひとつのセリフが、嘘のない真実の言葉として、スクリーンから迫真の演技として心にダイレクトに突き刺さってくる。テーマ曲「不要放棄《プーヤオファンチー》（あきらめないで）」も、アミ族出身の歌手スミンが歌い上げ、映画のラストをより一層盛り上げている。

レカル・スミ監督が港口に住んでいることを知り、映画のロケ地と映画に対する思いを知りたくて、花蓮市からひたすら車で海岸線を南下した。

「瀰漫咖啡《ミーマンカーフェイ》」というカフェで待ち合わせた。

目の前に連なる大型バス3台も、私が目指すのとほぼ同じ場所に停車した。わらわらと中国大陸からの観光客が降りてきて、海の方へと消えていく。辺りは港口でも「石梯坪《スーティーピン》」と呼ばれる海岸段丘が広がっているエリアだ。珊瑚礁や岩礁、奇岩などもあり、自然が作り出した美しい景色を楽しめる。特に中国人には太平洋を堪能できる絶景スポットとして知られ、ホエールウォッチングやキャンプ場としても人気がある。港もあるので、海鮮料理屋も多く、食べる場所にも困らない。

カフェの店先でい草を使い、編み物をしている人がいた。レカル・スミ監督の母親のスミルナさんだ。キャスケット帽の下で微笑む日焼けした顔から、真っ白の歯が覗く。『海稻米的願望』の主人公であり、『太陽的孩子』の主役のモデルとなった女性である。

海に面した広大な土地には、かつて黄金色の稲穂がたなびいていたが、水路が不通となり、いつしか荒れ果てた。その土地に商業開発の波が押し寄せ、観光への期待と生活や環境破壊への心配で揺れる地元の人々がいた。先祖が残してくれた大事な土地をどうやって守るか。スミルナさんが住民たちに声をかけ、自分たちの故郷の稲作作りを復元する運動の先頭を切った。

　想像した通り、芯の強そうな、自信に溢れるかっこいい自立した女性だ。カフェの横に工房を持ち、様々な素材から作品を編み出す工芸作家でもある。

「瀰漫咖啡」店内のベストポジション。目の前に水田が広がり、遠くに海も見える。

「この先、自分の息子を含め、子供たちになにを残してあげられるのかを考えたのです」

　スミルナさんに稲作を復活させた理由を尋ね、返ってきた答えだ。

　台湾の東側には、先住民が住む小さな集落がたくさんある。どの集落も直面している問題が、人口の流出だ。就業の場がなければ、都市へ出るしかない。観光ホテルが建てば、集落の人々にとっての働く場が生まれ、周辺も付帯産業で潤う。いいこと尽くめではないかと思ってしまうが、現実はそんなに甘くない。乱開発の結果生態系が破壊されれば、自然とともに生きて来た先住民にとって、元も子もない。自分たちが故郷を追われる立場になってしまう。

ドキュメンタリー監督の道を歩もうとする息子について聞いてみた。

「子供には、いつも自立していてほしい。彼には彼の人生があるから。困ったときには助けるけどね」

真っ黒に日焼けした顔を、くしゅっとさせながら笑うしぐさに、優しい母親の顔を垣間見た。

いつの間にかレカル・スミ監督も現れていた。母親に比べると色白で、ややおっとりした感じがする。カフェはレカル・スミ監督が経営している。コーヒー豆のちょっと酸味のきいた香りが漂う店内には、流木の文具や手作りのマグカップ、絵はがき、小物などがセンスよく並ぶ。長方形の建物のカフェの中央には、壁をくりぬいた四角い窓があり、窓ガラスは入っていない。

ここに座ると、横の水田が借景となり、最高の眺めとなる。訪れたときの稲はまだ短く、先週田植えをしたばかりというから、15センチくらいの背丈だろうか。少し乱れた並びは、手植えの証しだ。

ちょうどお昼時だったので、レカル・スミ監督がカフェの向かいにあるレストラン「升火依《ションフォイー》娜現烤飛魚《ナーシエンカオフェイユイ》」に連れて行ってくれた。店主も親戚の叔父さんで、近海で獲れるトビウオを薫製にしたものや、竹筒に入った握り飯、飛び魚の身で作ったソーセージなどが出てきた。そこに、やたら陽気なおばさんが、もう一品持ってきてくれた。これまたレカル・スミ監督の叔母さんが切り盛りするお店「尬金包廚房《カーチンパオチューファン》」名物の、蒸した紫米の混ぜご飯で作ったおにぎり「尬金包」だ。チマキのようでもあり、絶品の味だった。

先住民は台湾で漢人よりずっと早くから根を張っていた。彼らは台湾の自然と風土を熟知し、自然と共生する智慧を持ちながら生活をしてきた。時代の変化とともにマイノリティに転じ、最後には、自分たちの名前まで中国風にするよう強制される不公平な差別を受けてきた。

近年、先住民族のアイデンティティが強くなり、漢名からもとの先住民族の名前に戻すなど、自分たちの文化を守るべくさまざまな運動が行われている。レカル・スミ監督も名前を漢名からもとの先住民族の名前に戻している。

港口は、台湾の東部最大の河川・秀姑巒渓《ショウグーランシー》の河口に位置する。アミ族が多く、彼らの伝統様式がよく残されている土地として有名だ。1877年の清朝時代、清兵との衝突が起き、大量のアミ族が殺される「大港口事件」が起きたことでも知られている。

ちなみに秀姑巒渓は台湾で唯一海岸山脈を貫く渓流で、その傾斜角の厳しさゆえ、激流ポイントも多い。瑞穂大橋から太平洋河口の長虹橋までの全長約24キロを、約3時間かけて下るラフティング(渓流下り)のコースは大変な人気で、夏の風物詩となっている。

スリリングなことは大好きなので、体験してみたかったが、滞在時間が少なかったので、泣く泣く断念した。

海に沿って広がる水田のなかにポツンとコンクリートの建物が見える。有名な民宿「沙漠風《サーモーフォン》情《チン》」だ。こんなところに、泊まる人がいるのか、と思ったが、連日満室の人気だ。

試しに中を見せてもらった。目の前の太平洋を独り占めしながら、足元にはグリーンが広がり、突き抜けるように高い空とおいしい空気を満喫できる最高のロケーションに立つ。高級リゾートに宿泊するよりもぜいたくな環境にいつか泊まってみたいと思わされた。

代わりに、今年77歳になる張桂蘭《チャンコイラン》さんが経営する民宿「莎娃綠岸《サーワーリュイアン》」を宿泊先に選んだ。

彼女は『太陽的孩子』の後半、水田の破壊を防ぐために座り込みをしている村人のなかで、同じアミ族出身と見られる若い警官に向かって「お前さんの村はどこかい」と語りかける役として出演している。アイデンティティを問いかけるこのセリフを聞いたとき、私は涙が止まらなかった。

民宿の窓からは水田が見える。先は海だ。張さん一家が所有している眼下の土地は、20年以上も前から開発業者や行政の観光部門から執拗に開発を持ちかけられ、無理矢理奪われかけたこともあった。映画で、村人が体を張って守ろうとした水田は、目の前に広がる張桂蘭さんの土地だった。

「自分の土地が奪われかけたことを思い出したら、あのシーンの言葉が自然と出てきたのよ」

張桂蘭さんはそう教えてくれた。いまも張桂蘭さんの意志を受け継いだ娘たちが土地を守るために、開発の反対運動に奔走している。

夜、民宿の部屋にいると、部屋をノックする音がした。

「一緒に食べましょう」

ちょうど台湾人が墓参りのために田舎に戻る「清明節」が近い時期だった。張桂蘭さん一家の親戚の多くが都会から戻ってきていたので、大宴会が開かれていた。バーベキューを楽しみながら話す内容は、都会での仕事のことや、家族のこと。映画を観て日本からわざわざこの村にやってきた私は珍客として扱われ、眠れなくなるくらい、たくさんの料理を振る舞われた。

宴会は深夜まで続いた。一足先に部屋に戻り、ベッドの上でうとうとと眠気に誘われる私の耳に、「エイヤ~ヤアア~」という陽気なアミ族の歌が遠くからまるで子守唄のように心地よく響いていた。

帰り際、「海稲米」と書かれたお米をレカル・スミ監督から頂いた。スミルナさんが復活させ、ネーミングしたブランド米だ。海の波の音を聞きながら、棚田で育ったお米の味はどんな味なのか。日本に戻ってから大事に食べよう。

レカル・スミ監督の経営するカフェの前で母親のスミルナさんと。

瀰漫咖啡
花蓮県豊濱郷港口村石梯湾 117-2 号
☎ 0953-683-671
㊖ 11:00~18:00　㊡ 水・木曜日

尬金包廚房
花蓮県豊濱郷港口村石梯湾 117-5 号
☎ 0983-167-268
㊖ 24 時間

升火依娜現烤飛魚
(瀰漫咖啡向かい)
☎ 0917-000-941

沙漠風情
花蓮県豊濱郷港口村石梯湾 117-1 号
☎ 0911-274-335
https://artofdesert.myweb.hinet.net

莎娃綠岸
花蓮県豊濱郷港口村 4 鄰 2-1 号
☎ 03-878-1243

第三章

ディープな宜蘭

宜蘭に行こうよ

友人「宜蘭に行こうよ」。私「宜蘭ってどこ？」

忘れもしない2009年の夏、台北で友人と鍋を食べていた。

「台北以外のどこかに遊びに行きたい」と言った私に、友人は宜蘭を勧めてきた。当時、宜蘭に全くイメージが湧かなかった。気持ちのいい温泉があって新鮮な海鮮が食べられて、台北からたったの40分で着くから、「とにかく行ってみよう」と説得され、人生初の宜蘭へ向かった。

友人の運転で台北から車を走らせること約15分。看板に「雪山隧道　長12・9公里（雪山トンネル　長さ12・9キロ）」と表示されたトンネルの入り口にさしかかったとき、友人はこの道路トンネルが台湾一長く、世界でも9番目にランクされると、得意げに解説した。

12・9キロ。東京湾アクアラインのトンネル部分は10キロ弱ぐらい。それでも途中で不安になるほど果てしなく長く感じた覚えがある。ここはそれ以上の長さだ。

途中で交通事故が起きたら1日中トンネルに閉じ込められてしまう。火事が起きたらどっちの出口に向かって走ろう。そんなどうしようもないことを考えながら、永遠に続くかと思えるトンネルを走り続ける車のシートに身を任せていた。

途中、中国語のアナウンスが流れてきた。

「雪山トンネル放送、現在交通量が多いため、運転速度を上げて下さい……」

抑揚のない無機質な女性の声は、なんと「加速しなさい」といっている。でも、加速したくても前が詰まっていては加速できません。のろのろ走り続けること約10分。ようやく見えた出口の光に安堵した。トンネルの先に見えるのは一面の海かと期待したが、海原は現れなかった。

雪山隧道開通は2006年とまだ日が浅い。6カ所もの断層を貫き、湧水も多く、16年間にわたる工事は困難を極め、多くの犠牲者を出しながらようやく完成した。台湾は3000メートル級の山々が連なる中央山脈が南北を貫いている。そのため、東西の移動には時間がかかって不便だったが、雪山隧道の完成によって東海岸の宜蘭と台北の距離は一気に近づいた。

宜蘭到着で最初に食べた物は「蔥餅《ツォンビン》（葱おやき）」だった。「これを食べなければ宜蘭に来た意味がない」と手渡された屋台の葱餅は、ふんだんに葱が入っていた。どうやら葱は宜蘭名物の農産品らしい。台北で食べる葱餅より抜群に美味しい。もう一個買って、と友人に頼んでいた。

宜蘭でいちばんゴージャスなホテルと当時言われた「ホテルロイヤル礁溪」に宿泊し、温泉と海鮮料理を堪能して、翌日台北に戻った。初めての宜蘭の旅はまずまずの印象だったが、友人が絶賛するほどは感動はしなかった。私はいつもそうである。最初はあまり心が動かない。何度も訪れているうちにゆっくり魅力を探しながら、次第に好きになっていく。

最近は、台北の書店に並ぶ宜蘭の観光本が増えた。週末の雪山隧道は交通規制がかかるほどひどい混雑だと現地でよく報道されている。台北の人にとって、「宜蘭日帰り」と「週末にちょっと宜蘭」という旅のスタイルがすっかり定着したのだろう。安・近・短を兼ね備え、遊・食・湯を楽しめる今の宜蘭とは一体どんなところなのか。私の宜蘭ディープ体験が始まった。

葱がいっぱい！——羅東《ルオトン》

2014年、日本の石川県台湾華僑総会の陳文筆《チェンウェンビー》さんの誘いを受け、金沢市で講演をした。陳さんは石川県七尾市の国立病院機構七尾病院診療部長を務める内科医で、日台の交流にも情熱を注ぎ、石川県台湾華僑総会の会長をしている。陳文筆さんの夫人・林昀萲《リンユンシュアン》さんは宜蘭出身の台湾人だった。

「宜蘭は私の故郷です」と出会った時に言った林昀萲さんは同世代ということもあって、「妙《ミアオ》妙《ミアオ》」「ｙｏｙｏ」と呼び合い、仲良くしている。そんな縁から、今度はｙｏｙｏさんが私を宜蘭へ案内してくれることになった。

私に宜蘭の良さを教えてくれると約束したｙｏｙｏこと林昀萲さんの実家は、宜蘭県のなかの「羅東鎮」にある。

台湾の行政区分は県の下に市、鎮、郷があるが、羅東鎮はわずか11平方キロの面積に人口7万人が居住し、台湾の市、鎮、郷でもっとも人口密度が高い。

羅東は、宜蘭市から南へ約10キロ離れた場所にある。宜蘭市は県の行政の中心だが、羅東は交通の要衝地であり、商業の中心地として栄えてきた古い街だ。

古い街はたいてい道路が狭く、ごちゃごちゃしている。羅東もそんな感じだ。車で到着し、ｙｏｙｏさんに連れられ、有名な「羅東夜市《ルオトンイエスー》」に向かった。中山公園を中心とした周囲の道沿いに夜市がある。まだ空は少し明るい夕方5時前だというのに、道路は人の波で埋め尽くされ、ものすごい活気である。

洋服や綿あめ、腸詰めにかき氷……台湾各地で見かける夜市のものと大差ないようにも見える。だが、これだけの繁盛ぶりは、きっと何か理由があるに違いない。人をかき分け、ｙｏｙｏさんはどんどん進んで行き、羅東夜市でいちばん賑やかな民権路と公園路の交差点にたどり着いた。全方位から人の列があふれだし、誰がどこに並んでいるのかわからないくらい大混雑している。

宜蘭名物の「蔥餅」と「卜肉《ブーロウ》（豚肉のフリッター）」の店が並ぶエリアで、ｙｏｙｏさんは「いつもこんな状態よ」と言いながら、あっけに取られている私をよそに、慣れた様子で列に並び始めた。私も負けじと他の列に並び、お互いの「戦利品」を交換して食べてみた。

蔥餅は、パイ生地でサクサクとしていて、なかに大量の葱が入っている。焼きたてなので香ばしさがより一層際立つ。卜肉は、普通に揚げたものと、紅麹につけて揚げたものがあり、味に大きな違いはないけれども、どちらもやや甘めのホットケーキのような衣に、塩気のある柔らかい肉がマッチしていて、スナック感覚で食べる手がついつい止まらなくなる。

「妙妙、食べて」「妙妙、これもおいしいよ」

ｙｏｙｏさんはおもてなし上手だ。日本人のおもてなしと台湾人のおもてなしの決定的違いは「おせっかい」度だと思う。日本人はあくまでも控えめだが、台湾人はグイグイくる。

ｙｏｙｏさんは、ご主人の陳文筆さんが日本の石川県の七尾市で医師として働くために一緒に来日し、日本で暮らし始めた。日本生活もかなりの月日が経つというのに、日本語はあまり上達していない。でも、へんてこな日本語がまた可愛い。人懐っこい性格だから、知り合って日が浅くても気が置けない仲になった。ちなみに陳文筆さんの日本語は丁寧すぎるほど完璧で、日本語に関する夫婦のアンバランスさもまた面白い。

羅東夜市では、羊肉の薬膳スープで有名な「羊舗子《ヤンプーツー》」にも長い行列ができている。行儀よく黙々と列に並ぶのは日台とも同じだが、台湾は蒸し暑いので、余計に過酷で汗がだらだら出る。

スープに入ってきたスライスの羊肉の多さに驚いた。お肉は臭みがなく、ほどよい脂肪分が甘味となって優しい味だ。同じ店でなぜか必ずセットで誰もが頼んでいた緑色の臭豆腐にギョッとさせられた。青汁をブレンドして作り出したオリジナルの臭豆腐ということで、早速トライしてみる。構えて食べたものの、青汁の味はさほどせず、普通の臭豆腐と同じでやや拍子抜けした。

チャーシューや腸詰めとバジルを串刺しにした「一串心《イーチョワンシン》」など、なぜこのような組み合わせなのか理解不能だが、羅東夜市の小吃は独特なものが多く、人気の秘密が分かった気がした。宜蘭の地ものの美味しさと、オリジナリティのある食文化を二重に堪能できる楽しさがある。

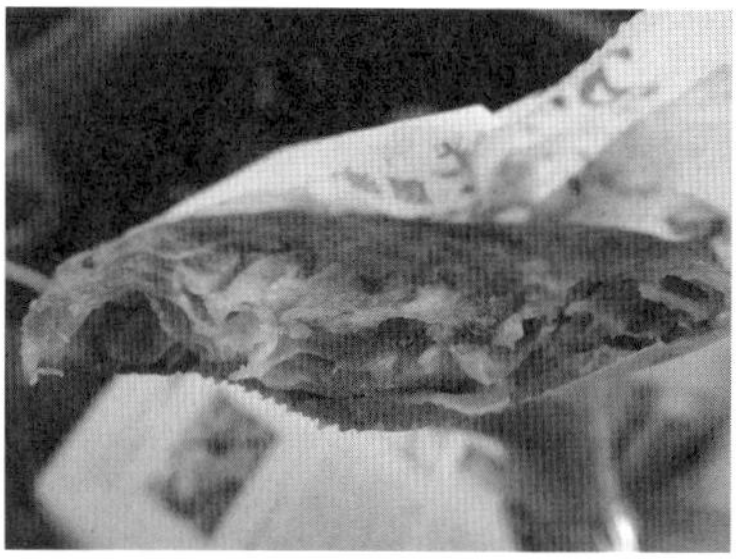
(右)食べている人の真横に行列ができる羅東夜市。(左)葱がたっぷりの葱餅。

でも、にぎわっている分、いろいろ面倒なことも多いそうだ。

ｙｏｙｏさんが耳元で裏情報を私にささやく。「あのお店、本当は向かいの店と親戚関係」。台湾の夜市の飲食店はどこも、結構お家騒動が激しい。経営理念のすれ違いや、浮気に離婚など理由はさまざまだが、決別してもつかず離れずの距離で、平然と同じ看板を掲げて引き続き営業している場合がほとんどだ。このあたりは、台湾人の図々しさか、あるいは心の広さか、いい意味で、他人を気にしないからできることかもしれない。

開発される前の羅東は、山林地帯で、猿が多く棲息していたため、先住民のカバラン族の言葉で猿を意味する「rutung」と呼ばれた。漢人が読み方の近い「羅東」と表記したことから現在の名称として定着したそうだ。いま夜市でにぎわう場所に、かつては猿の大群がいたことを思い浮かべると、なんだかおかしくて、ひとりで笑い出しそうになった。

それにしても、お店には葱を使った料理が多く、どれも人気を集めている。宜蘭といえば「三《サン》星《シン》」という土地で採れる三星葱が有名で、台湾人なら誰もが知るブランドとなっている。

ｙｏｙｏさんに三星葱を見たいと頼み込むと、すぐに知人の農家に連れていってもらうことになった。このスピード感も台湾人ならではでありがたい。

告白すると、ニラ、葱、ニンニク、らっきょうなど、匂いのきつい野菜がなぜか大好きだ。バジルやコリアンダーみたいなくせのあるハーブ類もついつい食べ過ぎてしまう。だから葱やニンニクなどの「五葷」を禁じている精進料理は、嫌いではないがいつも物足りなさを感じてしまう。やっぱり葱やニンニクがたっぷりと効いた台湾料理がいちばん口に合うのである。

翌日の早朝、ｙｏｙｏさんの友人の游莉君《ヨウリーチュン》さんと林閏齢《リンレンリン》さんも加え、女4人で羅東鎮から三星郷へと向かった。ｙｏｙｏさんと游さん、林さんの年齢はまちまちだが、羅東の日本語学校で一緒に日本語を学んでいた同級生だ。ｙｏｙｏさんが宜蘭に戻ったときは、いつも一緒にご飯を食べている仲よし。游さんの実家が三星の葱農家のため、お世話になることになった。

羅東を車で出発して15分も走らないうちに、辺りの景色は一気にのどかな田園地帯になる。見渡す限りの葱畑の合間に、立派な一軒家が建ち並ぶ。なんだか高級別荘地帯のようだ。みんな葱御殿なのかしら。やがて、そんな葱御殿の一軒である游莉君さんの実家に到着した。

家の外の大きな樹の下に、テーブルとして理想的な大きさの巨石が置かれ、その横に長靴を履いた見るからに陽気なおじさんが2人腰掛けていた。

游さんのお父さんとその友人だった。祖父母の代より三星で葱やニンニクの栽培をしている一家で、お父さんは朝の仕事を終え、栄養ドリンク片手に休憩中だった。「日本から葱を見に来たのか？」と驚かれたが、游さんのお母さんと一緒に葱の「植え付け」をすることになった。

てっきり種を蒔くのかと思いきや、手渡しされたのは、ワケギくらいの細くて短い葱の苗で、なぜかがっかりした。藁が盛られた畝に、T字の杭のような器具を使い、等間隔に穴を開け、1本ずつ植えて行くお手本を游さんのお母さんが示してくれたので、みんなで後に続いた。

一見簡単そうな作業だが、土に穴を開けるのが意外にも力が必要なうえ、腰を屈めないとならないので、長時間はしんどい。気がつかないうちに、へんてこなポーズになっていて、みんなに笑われた。農家は体力勝負だと聞いていたけれども、その通りだ。

（右）まずは格好から。農作業の必須アイテムである長靴と笠を身につければ、気分はすっかり農家の嫁である。（左）笑っているけれども、実はこのポーズがしんどい葱洗い作業。

一通り植え付けが終わったあとは、出荷する前の「洗葱（葱洗い）」という作業が待ち構えていた。「葱寮」と呼ばれる掘建て小屋の中に大型の水槽があり、水面にはおびただしい量の葱が浮いている。葱プールだ。縁に座り込んでいる人が、一心不乱に葱を水にさらしながら、土を洗い流し、葉を剝がしていた。これが葱洗いか。想像よりかなり原始的で、なんて非効率的なのだろうと思ったが、これが農家の仕事なのである。

土を落としてきれいにするのはわかるが、食べるのに全く問題なさそうな葉まで取り去るのはなぜか。実は、高値で店頭に並ぶためには、葱のプロポーションが大事らしく、最も美味しそうに見えて喜ばれるのは、「一芯二葉」と呼ばれるようだ。つまり、1本の白い茎から2枚の緑の葉が出ている形に整えるため、余分な葉はもぎ取られ、水槽の上にぷかぷかと泳いでいたというわけだ。もったいない。スーパーに並ぶ野菜は、本当は食べられる部分がわざわざ「美観」のために廃棄されているのである。

肝心の葱洗い作業は植え付けとはまた違う大変さだ。葱プールは地面と同じ高さなので、完全にしゃがまなければならない。泥をこすり落とすための手袋をつけるが、水の中に入れっぱなしなので気持ち悪い。「あともう少し」と心のなかでつぶやきながら笑顔で頑張った。

農家のおばあちゃんには腰が曲がったイメージがあるけれども、実際にこういう作業を長年繰り返していれば、腰は曲がって当然だ。たった半日の農作業で痛感し、納得した。

三星葱は日本の九条葱と似た青ネギの一種だ。宜蘭で収穫される葱の7割が三星産という。

三星は、清朝時代は「叭哩沙《バーリーシャー》」と呼ばれていた。いまは青空に稜線がくっきりと見え、青々とした畑に清らかな水が流れる豊かな農村地帯になっているが、昔は親が悪いことをした子供を叱るとき、「踢一下到叭哩沙去!(叭哩沙までけり飛ばしちゃうわよ!)」と言えば、子供は震え上がって泣き止んだというぐらい、誰も近寄らない辺鄙な場所の代名詞だった。

農家体験のあとは、待ちに待った食事だ。

三星には、美味しい葱料理も食べられる「三星青蔥文化館《サンシンチンツォンウェンホワコワン》」がある。2015年10月に放送されたテレビ番組「孤独のグルメ」で紹介されて以来、タクシーでわざわざ立ち寄る日本人が増え、ちょっとした話題の観光スポットとなっている。

建物横の自転車に乗った葱のオブジェが可愛らしい。入り口附近には葱の歴史や栽培方法の解説コーナーがあり、奥に葱づくしのお土産売り場がある。ビスケット、麵、油、お茶……すべて葱入り。味の方はどうなのだろう。

レストランではシンプルに葱を炒めた一皿「炒青蔥《チャオチンツォン》(青葱炒め)」が美味しい。食後に游さんが買ってきた葱アイスも良かった。葱を植え、葱を洗ってきたので、葱に対する感謝の気持ちが加わった分、さらに美味しく感じられるのだろうか。

羅東に戻った後は、宜蘭の伝統料理をいっぺんに味わうことができる「駿懐舊餐廳《チュンホワイチウツァンティン》」で夕食を摂った。お店のコンセプトは「１９４０―50年代の昔の台湾」。駄菓子屋や昔風の円卓とお櫃など、細部までこだわった店の作りはレトロで、雰囲気がある。９皿もの料理がテーブルに運ばれた。日本からきた私に宜蘭料理をたっぷり食べさせたいという彼女たちの優しさからだ。

初めて見る食べ物が多い。

日本に持ち帰りたいほど気に入ったのが「鴨賞《ヤーシャン》」。鴨の薫製を薄くスライスし、三星葱と輪切りの赤唐辛子、酢、砂糖、米酒、香油などを加えて和えた一品だ。鴨の薫製は新年の挨拶にお金持ちの間で贈られていた高級な食材だ。めったに手に入らない意味の「賞でる」から「鴨賞」の名前がつけられた。甘蔗の葉としぼりかすで薫製をした香りがほどよく、前菜としても、お酒のおつまみにもぴったりな味で、箸が止まらない。

ご飯に合ったのはお店特製の「黑嚕嚕《ヘイルールー》」だ。一見、真っ黒で美味しそうには見えないが、これがまた絶品。正体は、ひき肉に細かく刻んだピータンを混ぜ、お醤油で煮込み、とろみをつけたもの。麻婆豆腐の変形バージョンである。

宜蘭生まれの彼女たちの会話が延々と続く。

「食べることはストレス発散なの」「最近仕事はどう」……。ｙｏｙｏさんだけがいま日本で暮らしているが、お互いの近況報告は欠かせない。台湾語と中国語で活き活きと話す姿は、微笑ましい。故郷に帰ると一番安心できるのだろう。

絶対に食べきれないと心配した量の料理だったが、最後は全部食べきった。よく食べ、よくし

❶羅東夜市

宜蘭県羅東鎮公園路、民権路
㊔ 店舗により異なるが、普通は昼頃から開き、夕方以降に人出が多くなる

羅東林業文化園區

宜蘭県羅東鎮中正北路118号
☎03-954-5114
㊔ 園区　6:00~ 17: 00
　展示館 9:00~ 12: 00 14:00~ 17: 00
㊡ 展示館 月・火曜日、大晦日、正月
日本統治時代、太平山から伐採した木材が森林鉄道でここに運ばれて来た。

❷駿懐舊餐廳

宜蘭県羅東鎮純精路 1 段 53 号
☎ 03-961-5168
㊔ 11:00~14:00 / 17:00~22:00
㊡ 大晦日
http://www.eland-chun.com.tw

三星青蔥文化館

宜蘭県三星郷義徳村中山路 31 号
☎ 03-989-5033
㊔ 8:00~17:00　㊡ 大晦日、正月

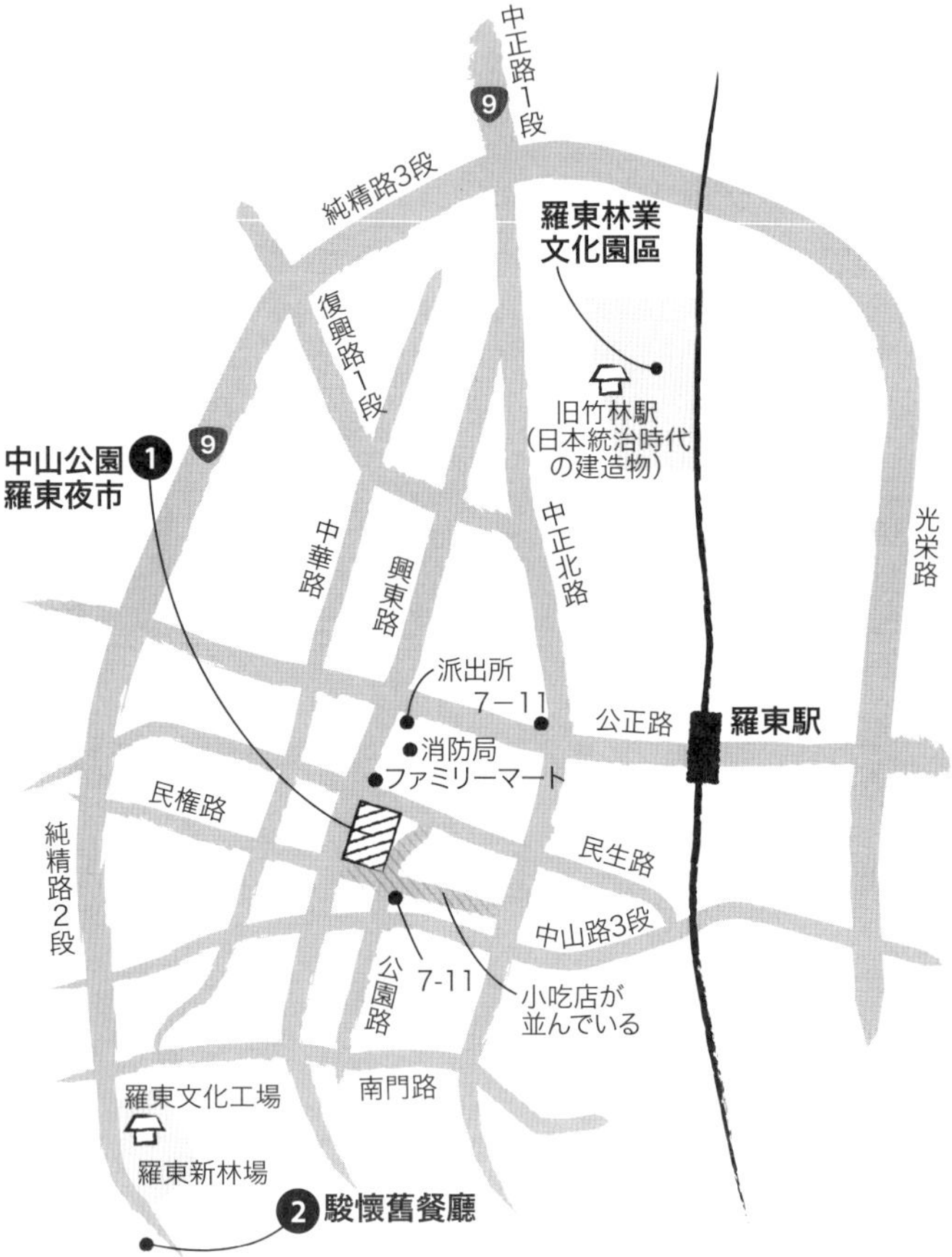

宜蘭名物を手頃な値段で楽しめるレストラン「駿懐舊餐廳」。

ゃべるグループだとお店の人もびっくりしたに違いない。

まだ胃がからっぽになっていない翌日の朝、バイクに乗ったyoyoさんが「鴨賞」を手に、先に帰る私を見送りに来てくれた。宜蘭の魅力を存分に味わった1日だった。

夜空にきらめく奇祭「搶《チアン》孤《グー》」
——頭《トウ》城《チョン》

台湾は、陰暦に従ってお正月やお盆などの祭日が決められている。そのため、各地で行われる様々なお祭りは、毎年微妙にずれるのできちんと事前にチェックして行く必要がある。

宜蘭には全国的に有名な「搶孤」がある。搶孤は宜蘭の「頭城」と屏東の「恆春」が有名だ。恆春では3年に一度しか開かれず、頭城では3年連続で開催し、1年休む。

最初、字面から狐を奪い合うお祭りかと想像し、台湾の友人に狐狩りのようなものかと聞いたところ、大笑いされた。よくよく見れば動物の「狐」ではなく、孤独の「孤」という文字で、とても恥ずかしい思いをした。

大正から昭和初期にかけて日本の民俗学者が書いた『台湾風俗誌』（片岡巌著）や『台湾旧慣

冠婚葬祭と年中行事』（鈴木清一郎著）には、搶孤の由来や意味が詳しく記されていた。

脂がギトギトに塗られた丸太をよじ登り、てっぺんにある旗を、誰が最初に奪い取れるかを競う。ビーチフラッグのようなものだ。違うのは高いところに上っていくという点だろう。

お盆の最後の日に、民衆が祭礼に使ったお供え物を奪い合うことが由来で、中国の福建省南部（閩南地方）から伝来したお祭りなのである。

２０１５年の頭城搶孤は9月12日だった。台北でレンタカーを借りて向かったのはいいが、途中で渋滞に捕まった。甘かった。特に宜蘭への高速道路は、土日には3車線のうち1車線が大型バス専用レーンになる。宜蘭行きの何台もの観光バスがびゅんびゅんと横を通り過ぎて行くが、一般車輛はノロノロ運転。玉突き事故も発生していた。混むわけだ。

搶孤の準備は早朝6時過ぎから始まるという。正式に人がよじ登るのは夜11時過ぎというから、まさに一日がかりだ。さすがに朝から晩まで見る気力はないので、夕方に現地入りした。

宜蘭市の北、頭城鎮内の「頭城橋」では、右前方に大きなクレーン車が何台も並び、長い棒のようなものがゆっくりと移動するのが見えた。搶孤で使われるもので少しワクワクした。会場には、たくさんの出店が並び、歌仔戯《ガーヅァイシー》（台湾オペラ）の練習をしている人もいた。メインステージ前には、カメラマンの無数の三脚が場所取りをしていて、後方にはお供え物を並べるための円卓が並んでいる。

搶孤では、基礎となる最下部の「孤柱《グーチュー》」に、高さ約13メートルある12本の丸太を使う。そこには、滑りやすくするため牛の脂が塗られている。次いで中間部は「倒棚《ダオペン》」という12メートル×

7・2メートルの棚となり、参加者は下の丸太から登ってきて、この棚に身を翻して登ることになる。最後の上部は、高さ約30メートルもある竹で編み上げた、スナックの「とんがりコーン」のような形をした円錐形の「孤棧《グーチャン》」だ。その数は13本。最先端に最も縁起が良いとされる四角い旗「順風旗《シュンフォンチー》」が1本だけある。早いもの勝ちで、この旗をノコギリで切り落としたものが優勝者だ。ほかの孤棧には、お米や肉のような祭礼品が括り付けられている。

漢人が宜蘭に入ってきたとき、先住民と大勢の死者を出す激しい戦闘があった。伝染病で亡くなる人も多かった。宜蘭に漢人が安住できるようになったのち、亡くなった者の魂を慰めるため、特に最初の開墾地であった頭城で搶孤がはじまった、と伝えられる。ちなみに「頭城」という地名は、宜蘭で漢民族が最初に切り開き、城を構えた場所ということから付けられた。

目の前の搶孤の構造は全体で高さ40メートルを超える。マンションで言えば10階以上の高さだ。金属ではなく、竹で編み上げた孤棧は、風でしなるので、慎重にかつ確実に組み立て作業が進められ、参加者も静かに見守っている。

夜9時を過ぎた会場では露天のお店からいいにおいが立ちこめ、音楽とアナウンスが鳴り響き、夕方の雰囲気から一転し、お祭り気分が盛り上がっている。人出もぐっと増えた。

昼間は空っぽだったお供え物の円卓には、缶詰やマントウ、米粉などが載せられていて、生け贄の豚や羊もずらっと並んでいた。豚は口に長いお線香の刺さったパイナップルをくわえさせられ、背中には鶏を乗せ、架台の下にはまだ口をパクパクとさせている鯉が吊り下げてある。こんな組み合わせは初めてで目が釘付けになった。意味はよく分からないが、エキセントリックなア

クレーン車で組み立てていく「搶孤」の「孤棧」。宙に舞うのは死者の魂に捧げる「紙金」。

ートのようだ。

お供え物を民衆が奪い合う搶孤は死傷者が出るくらい激しかった。実際、安全上の理由から、清朝時代の初代巡撫に任命された劉銘傳《リウミンチョワン》の発令により、1884年に一旦は禁止されている。

しかし、民間で密かに続けられ、日本統治時代の前後にかけ、一般参加型でなく、今日のように選手のみが高い所によじ登り、祭礼物を奪い合う形式となったとか。それでも数十メートルの高さから落下死する者も現れ、1949年に再び中止に追いこまれた。1991年、宜蘭県政府が伝統文化を見直すという観点から、命綱をつける形式で、42年ぶりに搶孤が再開されたという。

漆黒の夜空のもと、搶孤のセットはライトアップされ、光り輝く神棚のように見える。11時過ぎ、円卓の上にあるお供え物が参加者らによって手にした袋の中に次々と詰め込まれていく。200年前のお祭りの原型の名残なのだろう。生きている人間が、本来は死者のためのお供え物を奪い取ることで、さまよう孤魂が人間にあきれ果て、祟りを及ぼさないようにするためらしい。生け贄で飾られていた豚や鶏も手際よく解体され、次々と持ち去られた。

続いてドラが鳴り響き、ホイッスルの音とともに歓声が上がり、次々と男たちが丸太を登り始めた。5人1組で12チーム の参加。いち早くチーム内の1人を中間部の孤棚まで登らせるよう協力し合うのだが、コールタールのような牛の脂で黒光りする木は滑りやすく苦労している。例年、孤棚に到達するまでどんなに早くても数十分かかるというが、なんと8分9秒という大会記録で丸太を登り切り、孤棧の順風旗を取るまで全行程20分足らずでゴールインする強者が現れた。

実況するウグイス嬢も我を忘れて興奮状態となり、台湾語で「恭喜《キョンヒー》（おめでとう）」を連発していた。優勝は宜蘭の羅東市から参加したチームの男性だった。優勝賞金20万元を勝ち取った姿は全身真っ黒の脂まみれでも、格好よく輝いていた。

翌日の朝、新聞でこんな記事を見つけた。

搶孤当日、クレーン車を操作する運転手が突然の心臓発作で亡くなり、その後、孤棚が崩れ落ちるという事故も起きていた。お祭りの死者は縁起が悪い。中止も考えたらしいが、搶孤を行わない年は災いが起きるというジンクスもあり、開催を決めたという。

その昔、漁業が盛んな宜蘭では、搶孤で勝ち取った「順風旗」を船頭につければ、神の庇護により安全と大漁が約束されると信じられた。いまでも旗を取ることは大事な目標なのだろうが、それ以上に、搶孤という祭事を行うことで地域のつながりが深まり、歴史を再認識できることが重要なのだそ

これでもかといろいろな物をつめこまれた生け贄の豚。

うだ。台湾では、この祭事を国家無形文化資産に組み入れるという話もあるらしい。激しく楽しい台湾の伝統文化のひとつとして、ずっと続いて欲しいお祭りだ。

ところで頭城の近くには、有名な礁渓温泉がある。台湾で山岳地帯ではなく、平地にある温泉は珍しい。礁渓駅前には足湯があり、その両脇にレンタカーや貸し自転車、貸しバイクのお店がずらっと並んでいる。

とにかく宿泊施設が多く、どこに泊まればよいか迷ってしまう。温泉プール付きの高級ホテルから、リーズナブルな民宿まで、さまざまなタイプがある。

宿泊施設以外にも、「礁溪溫泉公園《チアオシーウェンチュワンゴンユワン》」には裸で入るタイプの露天風呂があり、森林浴をしながら楽しめる。比較的新しい「湯圍溝溫泉公園《タンウェイゴウウェンチュワンゴンユワン》」は、全体的に和のイメージだ。もとからあった温泉河をせき止めた男性専用の公共風呂とは別に、新たに男女別の檜風呂を新設し、地元の人たちもよく訪れているという。

礁渓温泉は飲食店も多く、便利な温泉街だ。ただ、雪山隧道の掘削やホテルの乱立の影響で温泉の湧水量が減り、近い将来、水源が枯渇してしまう危険性が指摘されている。炭酸ナトリウム泉でミネラルを多く含み、肌に優しい美人の湯。なくなるなんてことにならないで欲しいと祈るばかりだ。

デザインが特徴的で美しい蘭陽博物館。

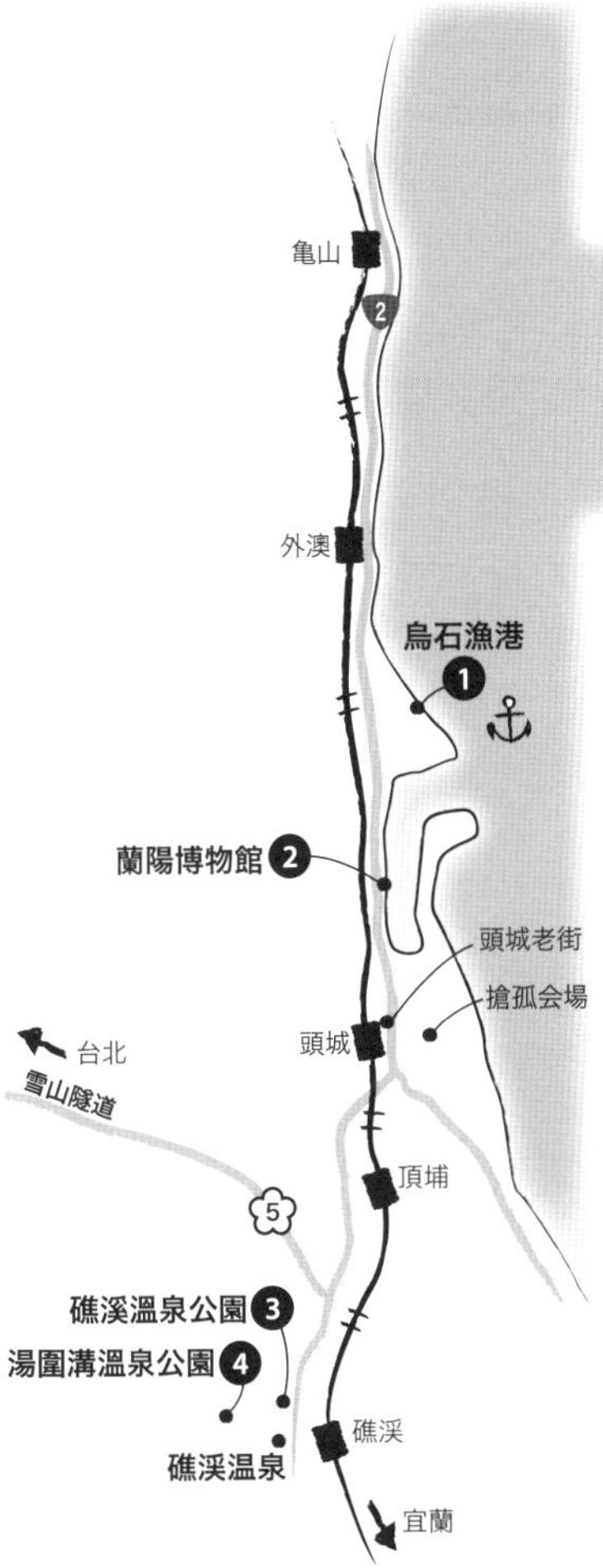

❶烏石漁港
宜蘭県頭城鎮港口路15-7 号
☎03-978- 9078
㊢ 8:00~ 21:00

❷蘭陽博物館
宜蘭県頭城鎮青雲路3段750号
☎03-977-9300
㊢ 9:00~ 17:00
㊡ 水曜日、大晦日、正月
http://www.lym.gov.tw

❸礁溪温泉公園
宜蘭市礁渓郷公園路 16 号
☎03-987-2403
㊢ 公園24時間　森林風呂5:00~27:00

❹湯圍溝温泉公園
宜蘭市礁渓郷徳陽路99-11号
☎03-987-4882
㊢ 公園24時間
公共浴場8:00~ 12 : 30/13:00~ 17:00
/17: 30~ 24:00
http://mmweb.tw/31448/

H 捷絲旅宜蘭礁溪館
宜蘭県礁渓郷徳陽路24巷8号 ☎03-910-2000
http://www.justsleep.com.tw/Jiaoxi/zh

H 礁溪老爺酒店
宜蘭県礁渓郷大忠村五峰路69号
☎03-988-6288
http://www.hotelroyal.com.tw/chiaohsi/

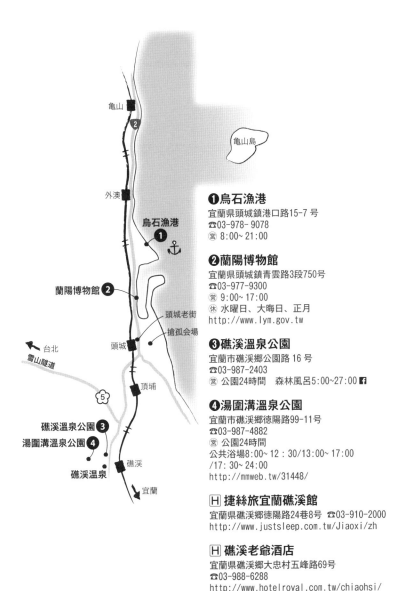

頭城までできたら「蘭陽博物館《ランヤンポーウーコワン》」にも足を伸ばして欲しい。沼畔の平原に、変形ピラミッド型のコンクリートの巨大な建物が横たわっている。ガラス張りで地面に半分突き刺さっている塊は山のようにも見える斬新な建築デザインである。台北の「寒舎艾美酒店（ル・メリディアンホテル）」や台北故宮内のレストラン「故宮晶華」を手がけた有名建築家・姚仁喜《ヤオレンシー》の作品だ。この建築を見るために足を運ぶ外国人や台湾人も少なくない。

準備からオープンまで18年をかけて完成した博物館は、階層ごとに海、平原、山とテーマが分かれ、宜蘭という土地の歴史から文化までをたっぷりと紹介する。歴史にあまり興味がなくても、建築と周辺の景色を眺めるだけでも楽しい。

博物館の建つ一帯は、かつて「烏石港」があった場所だ。1826年に開港し、宜蘭最大の港湾として重要な役割を果たした。港内に3つの巨大な黒い岩礁があったので烏石港という名前がつき、それらの岩はいま蘭陽博物館が建つ敷地内の沼地にひっそりとたたずんでいる。

現在は博物館の北側に、観光漁港として「烏石漁港《ウーシーユィガン》」ができ、海鮮レストランが軒を連ね、鮮魚店やヨットハーバーがある。鮮魚店は自分たちの漁船で獲れた新鮮な魚や魚介類を並べ、客の呼び込みをしている。築地市場の場外のようなにぎやかさだ。その場で調理してもらって食べることもできるのが、台湾の漁港のすぐれたところ。魚の名前と一緒に、「炒」や「生」「湯（スープ）」など、適した調理法も書いてあるので、選ぶときの参考にもなるからありがたい。

好きな食材を選んだあとは、海鮮を片手に近くの提携のレストランに向う。伊勢エビをぜいたくに丸ごと1尾注文し、お刺身とみそ汁にしてもらい、大満足した。

(右)幾米の絵本に出てくるトランクやキャラクターが広場の随所にある。(左)幾米の優しい絵に包まれた宜蘭駅。

幾《ジ》米《ミー》の絵、四《スー》寶《パオ》の味
——宜蘭市

宜蘭の県庁所在地である宜蘭市はそれほど大きな街ではない。東西南北それぞれ1キロ範囲内にたいていの見どころは納まってしまうサイズ感である。

ランドマークは、なんといっても、台湾一メルヘンな駅舎として有名な宜蘭駅だ。宜蘭育ちで、優しい画風が大人気の絵本作家・幾米とのコラボレーションで駅がペインティングされている。駅舎の上にはキリンが乗っていて、まるで飛び出す絵本のようだ。

幾米という名前は知らなくても、どこかでその絵を見かけたことがある人は多いと思う。台湾のみならず、日本や中国、フランス、ドイツなど世界13カ国で絵本が翻訳出版され、『向左走 向右走（君のいる場所）』や『星空（The Starry Starry Night）』などの作品は映画化もされている。駅前広場には『星空』の列車のオブジェが吊られ、お土産店なども並び、フリマが開催されていた。

宜蘭駅を出て左に向かうと、旧駅員宿舎群があり、幾米広場にぶちあたる。カラフルなスーツケースや等身大の絵本の主人公たちが出迎えてくれる広場は、キャラクターたちと一緒に写真を撮ろうとする観光客でにぎわっている。

老若男女構わずに誰にも好かれる幾米の絵本が生まれるには、意外なきっかけがあった。１９５８年生まれの幾米は、イラストレーターとして働いていた40歳のときに、急性骨髄性白血病を患い、３年間病と闘い続けた。苦しい闘病生活を送るなか、命について深く考えるようになり、人間の心の奥底にある悲しみや孤独、希望などを自分の文章と絵で表現するようになった。子供だけでなく、大人も共感し、楽しめる作風が、世界の人たちに愛されている。絵本と縁がない人でも、宜蘭に来たらぜひ見てみてほしい。

駅の右側は、かつてここに集荷された荷物を引き取りに、多くの商売人が行き交った鉄道の倉庫群だ。にぎやかだった時代は過ぎ去り、残された築１００年近い建物は現在「舊書櫃《チウスーコイ》」という古本屋兼カフェとしてリノベーションされている。

一歩なかに入ると、書籍の量に圧倒される。洋書から料理本、旅行記、写真集、参考書などなんでもある。少し雑多な感じもするが元倉庫という空間にピッタリだ。多くの若者がゆっくりと本を選びながら、軽食を楽しむ姿が羨ましい。

駅前以外の見どころは、公園「南門林園《ナンメンリンユアン》」内にある「宜蘭文學館《イーランウェンシュエコワン》」と「宜蘭設治紀念《イーランセーチーチーニアン》館《コワン》」だ。南門林園には樹齢１００年を超えるクスノキやガジュマルが並び、宜蘭市内で唯一ほぼ日本統治時代のまま残された貴重な空間である。

1930年建築の診療所をリノベした「合盛太平」。レトロ感が漂う。

「宜蘭文學館」は宜蘭農林学校の校長宿舎を修復したもので、平屋木造瓦屋根の純和式日本家屋は１００年近い歴史を持つ。宜蘭に縁のある作家たちの本や郷土文学書が置いてあり、併設のカフェでドリンクを頼んで読書もできる。ここも中華電信の金城武のＣＭで舞台となった。ＣＭ中の金城武は文学館でレコードをかけ、本を読み、手紙を書いていた。金城武のように畳の部屋や板の間で腰を下ろして、ひと休みするのもいい。

もう一つの日本統治時代の和洋折衷の建物「宜蘭設治紀念館」は１９０６年、宜蘭行政長官の官邸として建てられた。枯山水の日本庭園は８００坪以上もあり、立派な風格がある。歴代20人余の高官がここに住んだという。内部には、日本統治時代を含めて、２００年に渡る宜蘭の歴史が紹介されており、宜蘭という土地を知るにはもってこいだ。

宜蘭市内では、中山路3段が美食の店が集まる通りとして有名だ。「30年老店《ニエンラウディエン》 檸檬愛玉《ニンモンアイユイ》」は愛玉ゼリー（愛玉子というつる植物の果実で作ったゼリー）の老舗。定番は「檸檬愛玉（レモン愛玉）」と「百《バイ》香果多多《シャングオドゥオドゥオ》（パッションフルーツヤクルト）」で、

愛玉ゼリーの老舗「30年老店檸檬愛玉」。

両方1杯ずつ試す。レモン愛玉は普通だが、パッションフルーツヤクルトが逆に斬新で美味しく感じた。

すぐ横には「十六崁《シーリウカン》瓜仔《コワズー》雞麺《チーミエン》」がある。中太のたまご平打ち麺を使い、トロトロに煮込んだ鶏肉にキュウリの漬け物を塩味の隠し味としてのせた麺は、他では滅多に見かけないメニューだ。

向かいには、1930年建築の診療所をリノベしたカフェ「合盛《ホーシャン》太平《タイピン》」。受付や待合室などがそのまま残り、病院の雰囲気が漂う。ここも金城武のCMで評判になった。

宜蘭の小吃として有名なものに「蒜味《ソワンウェイ》肉羹《ロウコン》（ニンニク味肉スープ）」がある。具は豚肉を細かく切って下味をつけ、周りに魚の練り物と片栗粉をまぶして煮込んだものだ。スープは肉で出汁を取り、細かく刻んだニンニクとタケノコなどを入れ、主役と混ぜ合わせたとろみのある一品だ。

スープと肉だけでもよいが、もう少ししっかりと食べたい場合は、麺や春雨をトッピングすることも可能。ニ

❶幾米広場
宜蘭市宜興路 1 段

❷舊書櫃
宜蘭市宜興路 1 段 280 号
☎ 0922-224-810
営 11:00~21:30　㊡ 火曜日

❸宜蘭文學館
宜蘭市旧城南路県府 2 巷 19 号
☎ 03-935-4349
営 9:00~17:00　㊡ 月曜日・大晦日
http://literature.ilccb.gov.tw

❹宜蘭設治紀念館
宜蘭市旧城南路力行 3 巷 3 号
☎ 03-932-6664
営 9:00~17:00　㊡ 月曜日・毎月最終日・旧正月
http://memorial.e-land.gov.tw/

❺ 30 年老店檸檬愛玉
宜蘭市中山路 3 段 156 号
☎ 03-935-8698
営 10:00~24:00　㊡ 水曜日

❻十六崁瓜仔雞麵
宜蘭市中山路 3 段 154 号
☎ 03-936-4797
営 12:00~24:00

❼合盛太平
宜蘭市中山路 3 段 145 号
☎ 03-936-0060
営 10:30~19:30　㊡ 毎月第三水曜日

❽傳承蒜味肉羹
宜蘭市旧城北路 148 号
☎ 03-933-2428
営 9:00~20:00　㊡ 水曜日
http://www.039332428.com.tw/

順徳蜜餞臘味
宜蘭市光復路 53 号
☎ 03-932-2722
営 8:00~21:30
http://www.s-d.com.tw/
鴨賞と膽肝など宜蘭の名物が一通り購入できる老舗。

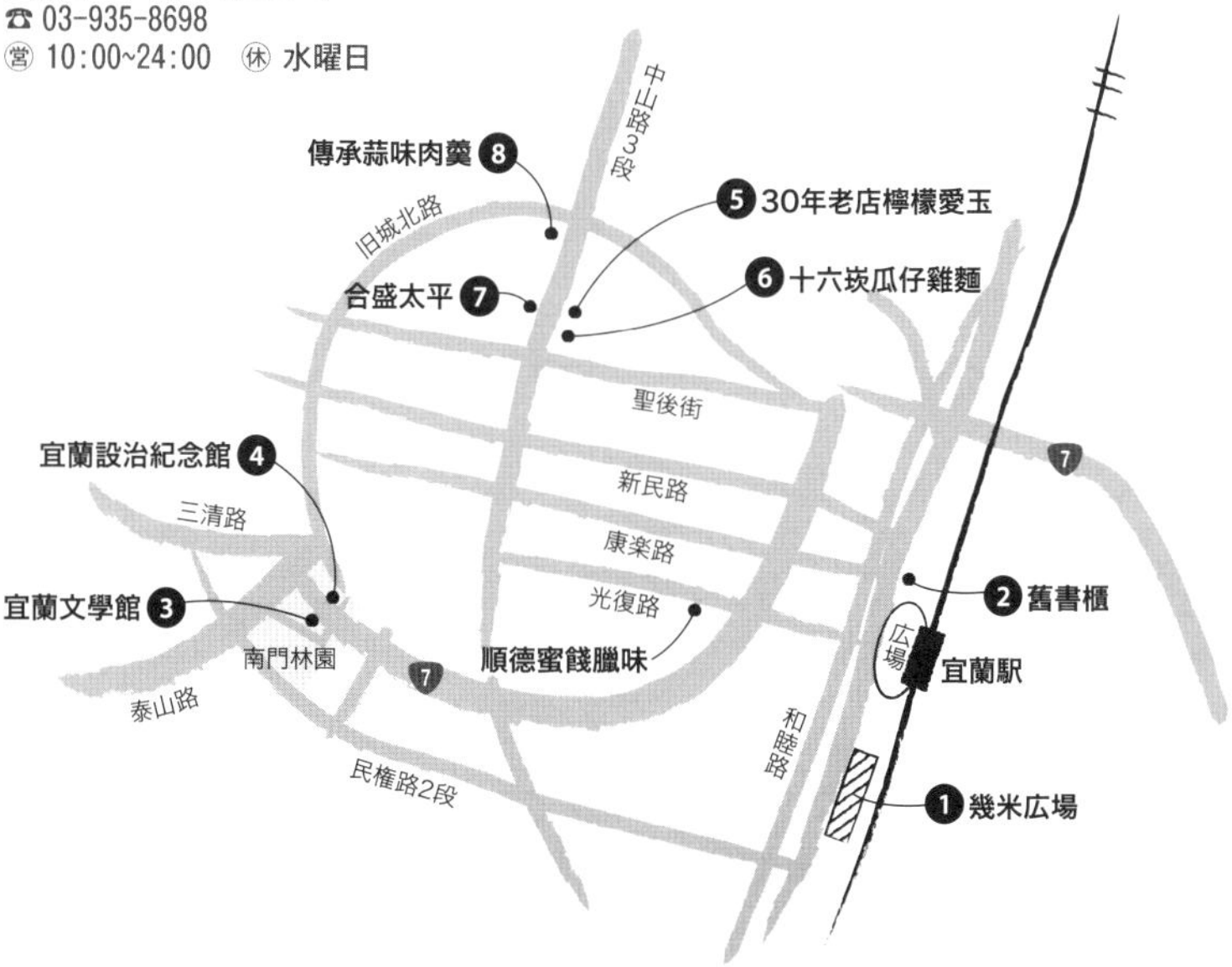

ニンニクがたっぷり入ったとろみスープの中に肉を浮かべた「蒜味肉羹」。

ンニク好きな人ならぜひトライしてもらいたい。口の中にニンニクのかおりとお肉の甘味がふわっと広がり、やみつきになる。

最後に「宜蘭四寶《イーランスーパオ》」と呼ばれている宜蘭土産を紹介したい。4つの宝とは、鴨賞と膽肝《ダンガン》、宜蘭蜜餞《イーランミーチエン》、蘇澳羊羹《スーアオヤンコン》のことを指す。

鴨賞は鴨の薫製。葱やニンニク、唐辛子、酢などとあえ、酒のつまみや前菜として食べるのが宜蘭流だ。膽肝は豚の肝臓を香料を混ぜ込んだ醬油に浸し、乾燥させたもの。しっとり感が残っており、中華風レバーペーストといった感じ。酒飲みにはたまらない。

フルーツを砂糖漬けにしたのが蜜餞だが、宜蘭では特に金柑の蜜餞が有名だ。蜜餞屋では黒色から飴色、黄色と様々な色に漬けられたものがある。ただ私は金柑が苦手なので、好きなタイプは残念ながら見つからなかった。最後の蘇澳羊羹は、宜蘭市の東南・蘇澳で有名な炭酸冷泉を使って作られた羊羹で、特に口当たりが滑らかで美味しいと評判らしい。「らしい」と書くのは、実は羊羹は金柑以上に大の苦手のため、試食すらできず、人の感想しか紹介できないからだ。でも、鴨賞と膽肝は自信を持ってお勧めできる。

冷たい温泉ですっきり――蘇澳《スーアオ》

曾祖父の代から続く父の一族の会社は台北にある。現在は長男だった父の6番目の弟が社長として経営している。私も名前だけの株主なので、毎年最低一度は会議という名目で会社に顔を出す。

親戚同士が集まれば、自然と昔話や家族の話で盛り上がる。昔、宜蘭の蘇澳に「蘇澳造股份有限公司」という会社を一族で持っていたことを、数年前の会議のときに知った。

蘇澳といえば、冷たい温泉「冷泉」が有名だ。宜蘭の南部に位置する蘇澳に入ると、急激に大型トラックが増え始め、市内の広い道路からその先の高速道路へと車輌の列が出来ていた。ここが「蘇花公路」の起点だ。思ったより道幅が狭く、地味な入り口は見落としてしまいそうだった。台湾の東側を縦貫する省道「台9線」の一部だが、特に蘇澳と花蓮市を結ぶ全長約100キロの区間は「蘇花公路」の愛称で呼ばれている。

台北や基隆から蘇澳までは、3ルートの幹線道路で入ることができるが、ここから先は、この蘇花公路一本のみ。中央山脈と海岸山脈が重なる場所で平地がほとんどないため、海岸沿いのギリギリに切り開いてきた道路だ。

せっかくだから蘇花公路のドライブを先に楽しみながら、蘇澳より南の南澳《ナンアオ》を目指した。南澳はタイヤル族が多く住む地域だ。部落内の一番奥まった天主堂の近くに広場があり、高台に向かい、100段以上続く長い階段が伸びている。南澳神社だ。

『臺灣神社誌』（臺灣神社社務所編）などによると、日本統治時代末期に推し進められた皇民化運動のなかで、「一街一庄一神社」政策を打ち出し、田舎町にも神社が建立された。

大学の運動部らしき青年が、汗を流しながら、階段トレーニングをしている。よそ者は滅多に訪れないのだろう。珍しそうな目でチラ見されている。最上段に社殿はなく、本殿の基礎部分も全て破壊されてまっさらになっている。せめて石垣の部分だけでも、とカメラを構えると、近くでトレーニングをしていた青年が慌てて声をかけてきた。

「できるなら、写真は撮らないほうがいい」

きょとんとする私に、若者はちょっとすまなそうに言葉を続けた。

「このすぐ後ろには墓地が広がっていて、日本統治時代、部落の多くの人が、日本人によってこの神社で処刑された。悪いことは言わないから撮らない方がいい」

彼の地元ではそのように語り継がれているのだという。それでも、私はあまり信じずに、どんどんシャッターを切り続けた。

日本に戻ってから写真の整理をした際、この神社で撮った分が1枚も写ってなかった。確かに

暑い台湾に冷たさがぴったりな「蘇澳冷泉」。

撮ったのに、ない。理系でリアリストの私は超常現象や霊は信じないが、この事実をどう説明すればいいのか、困ってしまった。以来、この神社のことはあまり考えないようにしている。

さて、南澳から東澳に向かう途中に冷泉「東岳湧泉《ドンユエヨンチュワン》」がある。水温は14〜16度。平均水温22度の蘇澳冷泉より低く、夏の暑い時期、澄んだ天然の湧水は、大人気の水遊びの場になっている。

１９９０年代、鉄道の建設途中に偶然掘り当てたという泉脈だ。長方形のプールには水が川のように流れ込み、上段の水深は浅く、下段は深くなっている。私が訪れたのは9月初旬の昼過ぎだったが、お弁当を広げながら足を水に浸けて楽しむカップルや、水鉄砲で撃ち合いをする子供たちの姿を見かけた。

思い切ってズボンの裾をまくり上げ、膝上まで水に入ってみた。想像していたよりもひんやりしていたが、山岳風景のなか、鉄道高架の上を走り過ぎる電車を眺めながらの天然プールはかなり気持ちいい。結局、足だけでは満足しきれず、車中で持っていた水着に着替え、全身を水に預け、湧泉を満喫した。

あちこち楽しんで、ようやく蘇澳に着いた。難道に入る前や通った後の旅人の休憩場所として栄えた日本の宿場町のような場所が蘇澳だ。鉄道が通って今はそこまで賑やかではないが、それでも世界的にも珍しい炭酸冷泉の「蘇澳冷泉」がある観光地としてその名は知れ渡っている。

その昔、蘇澳冷泉は魚が棲息することができず、謎の泡が浮かび上がるので「毒水」と思われ、近寄る者はいなかった。日本統治時代に入り、日本の軍人・竹中信景が偶然、この水を飲んだところ、少し甘味を帯び、大変口当たりよく、元気になったそうだ。この水に興味を持った竹中信景は、退役してから蘇澳に家族と共に移住し、蘇澳冷泉の研究開発を始めた。

蘇澳冷泉は無毒なうえ、胃腸や皮膚病などに対しても有効な炭酸冷泉であることを竹中信景は証明したのみならず、「炭酸水」を作り出すことに成功し、工場を開きビー玉入りの瓶の「ラムネ」を製造し始めた。以来、蘇澳は泡立つ冷泉とラムネで有名になり、竹中信景は「冷泉之父（冷泉の父）」と呼ばれた。

台湾生まれの日本人「湾生」を中心とした人たちが東京で集まる「東京台湾の会」を通じ、竹中信景のお孫さんにあたる竹中信子さんにお会いしたことがある。蘇澳で生まれ育ち、15歳で終戦を迎え、日本に引き揚げた。台湾史を研究し、著書に『植民地台湾の日本女性生活史』がある。映画『灣生回家』に湾生として出演し、自分の故郷は台湾の宜蘭だと明言する。

蘇澳冷泉は蘇澳の中心の「冷泉公園」のなかにある。温泉特有の匂いやぬめりなどは全くないので、ただの水のように思えるが、体を沈めると違うことがわかる。22度の水温は最初かなり冷たく感じるが、しばらくじっとしていると、体全体に泡が集まり、温かさを感じ始めた。

真夏の台湾に、これ以上ピッタリな温泉はないだろう。

公園の外に出ると「彈珠汽水」と書かれた瓶ラムネがたくさん売られていた。1本買って飲ん

「南天宮」から見える南方澳の港に浮かぶ漁船。お気に入りのながめだ。

だ。コロンとビー玉の転がる音がして、しゅわっとした泡が口のなかに広がり、懐かしい気持ちで一杯になった。冷泉とラムネですっきりいい気分だ。

公園の近くには市場や小吃店がある。ただ、新鮮な海鮮を食べるなら、漁港の「南方澳《ナンファンアオ》」に行くのがいい。南方澳は東海岸最大級の漁港であり、漁港を囲むように、おいしい海鮮レストランが並んでいる。ここでマンボウの刺身をいっぱい食べたことがある。美味しかった。

漁港の中心には「南天宮《ナンティエンゴン》」があり、建物の上から見渡す漁港の景色は、東海岸でトップ3に入るくらい気に入っている。ちなみに南天宮は、高さ198センチ、重さ200キロの黄金で作られた航海の安全を願う「媽祖《マーツー》」が祀られていることで有名だ。黄金に輝く媽祖はこれ以上ないくらい神々しく、手を合わせながら、「お金に苦労しませんように」とお願いした。

蘇澳は台湾の造船業が発達した最初の地域でもあ

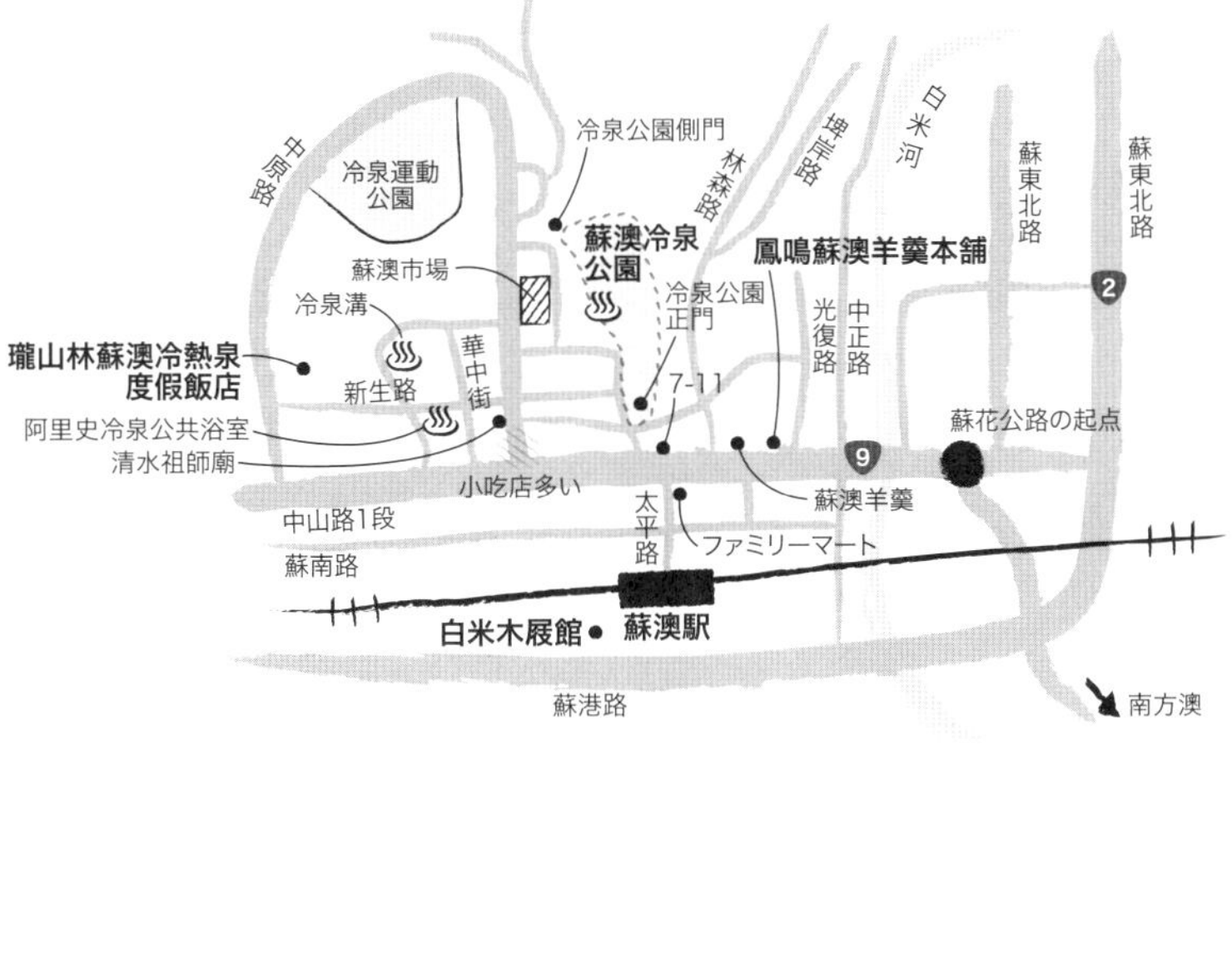

東岳湧泉
宜蘭県南澳郷東岳村 81 巷

蘇澳冷泉
宜蘭県蘇澳鎮冷泉路 6-4 号
☎ 03-996-0645
㊪ 夏 :8:00~19:00 / 7・8 月 :7:00~22:00
/冬 :9:00~18:00（土日 9:00~19:00）
㊡ 大晦日

白米木屐館
宜蘭県蘇澳鎮永春路 174 号
☎ 03-995-2653
㊪ 平日 :9:00~12:00 / 13:00~17:00
土日 :8:30~17:30
㊡ 月曜日
下駄の博物館。白米村は台湾の伝統的な下駄を作る最大の産地として有名。

鳳鳴蘇澳羊羹本舗
宜蘭県蘇澳鎮中山路 1 段 18 号
☎ 03-996-2326
㊪ 8:00~20:30
日本統治時代、日本人が蘇澳温泉の水を使って作り始めた羊羹屋。

🄷 瓏山林蘇澳冷熱泉度假飯店
宜蘭県蘇澳鎮中原路 301 号
☎ 03-996 - 6666
蘇澳で最も施設の整った高級ホテル。台湾で唯一冷泉と温泉を併せ持つ。

南天宮
蘇澳鎮南正里江夏路 17 号
☎ 03-995-2726
㊪ 5:30~21:00

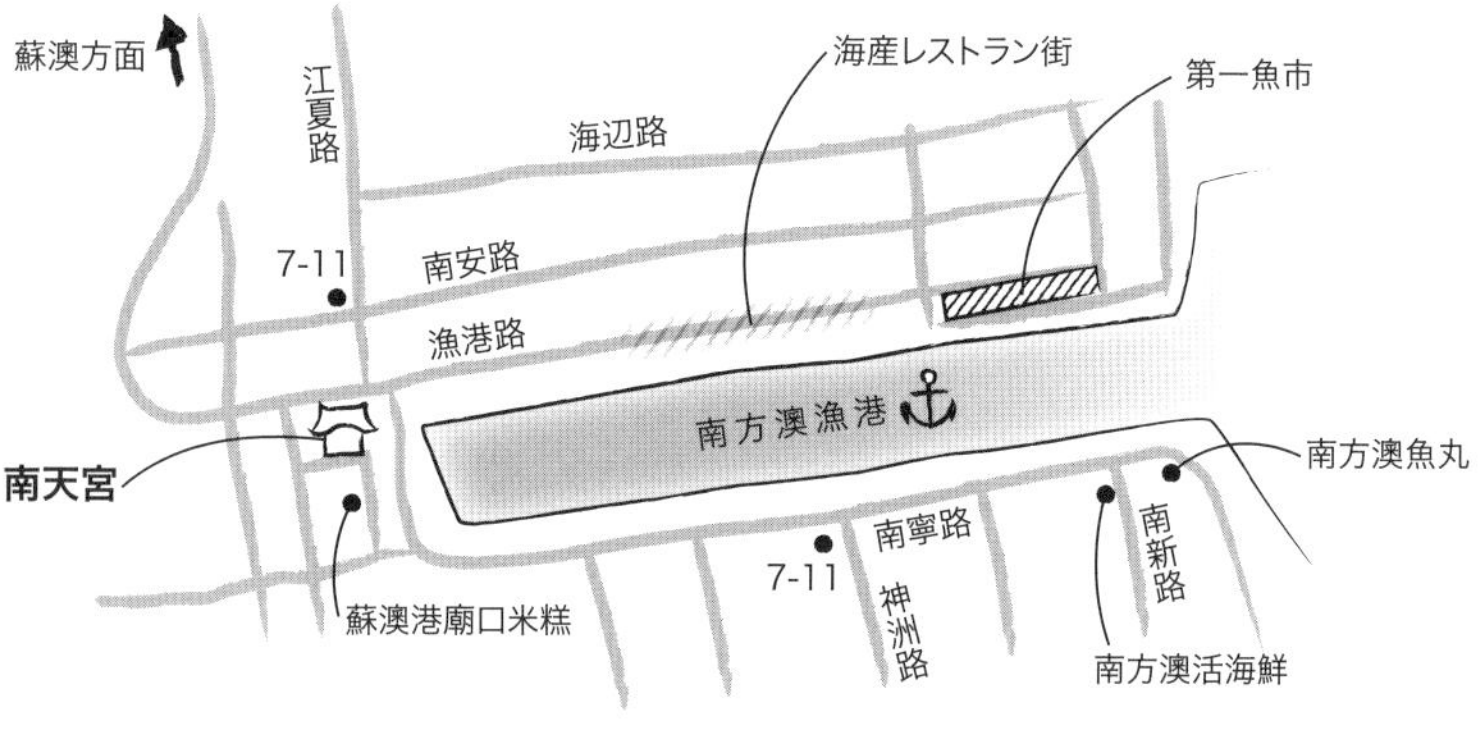

る。

日本統治時代の1937年、南方澳に台湾一の技術を持つ川崎造船廠と福島造船廠ができ、動力漁船の生産が開始された。戦後は、政府による遠洋漁業の奨励で造船業は大きく発展し、1970年代の漁業の全盛期には、24時間夜通しで作業をしても間に合わないほど注文が集中した。20世紀末から台湾最大の漁船と台湾初のアルミ合金巡視船もこの港で造られたという。

私が蘇澳に来た最大の目的は、顔家が経営していた「蘇澳造股份有限公司」の「その後」を知ることだったが、その手がかりを探し当てることはできなかった。

後日、そのことを叔父に話すと、「とっくの昔に、そんな会社はなくなっている」と笑われた。叔父は会社の80周年の記念誌『臺陽公司八十年志』を見せてくれた。それによると、顔家は1943年、蘇澳にあった4つの小型造船所と2つの鉄鋼場を買い取り、合併し、新たに造船会社「蘇澳造股份有限公司」を設立した。造船所は南方澳漁港に面し、台湾3大造船所の一つに数えられるほど、規模が大きかったそうだ。1976年には、4000トン級の鋼船を年に20艘、さらに2000トン級の木造船をつくれるほどの大きな工場になった。1978年以降、養殖漁業の進歩とともに遠洋漁業は衰退し、経営は悪化の一途をたどり、1990年に会社を手放したと、その本には書かれていた。

南天宮から見下ろす南方澳の港が、かつて祖父の会社が造った漁船で埋め尽くされていた時期があったのだ。黄金の媽祖の目には、どんな風に映っていたのだろうか。

「百年民主」の聖地

観光地として名を馳せる宜蘭は、実はもう一つ、「民主の聖地」という顔を持っている。

日本の民主主義は必ずしも勝ち取ったものではない。明治維新の後に導入された議会制度は戦争になると軍部によって踏みにじられ、戦後の民主主義は米国からプレゼントされたものだ。

しかし、台湾にとって民主とは闘って勝ち取るものだった。日本統治時代、台湾人は、日本による不公平な支配体制に疑問を持ち、台湾人の権利向上と自治を求めた民族運動を展開した。その中心が、宜蘭出身の蔣渭水《チエンウェイショイ》という人だった。

蔣渭水は幼い頃、私塾で漢文を学び、漢文化の薫陶を受け、漢人としてのアイデンティティを強く持った。若いときに腐敗した清朝を倒した辛亥革命が起き、「台湾を救うなら、まず祖国（中国）を助けなければならない」という理念のもと、革命を熱烈に支持した。

大学を卒業した後は、病院を開業しながら酒場を経営した。

1921年には、文化的啓蒙を目的とした「台湾文化協会」を設立し、議会設置運動にも積極的に参加した。演説がうまく、民衆の心を掴むことができる蔣渭水を、総督府は危険人物と見なし、警戒していた。訪台した裕仁皇太子に議会設置の請願を強行し、台湾人初の政治犯となり、その後も様々な理由で捕まり投獄されたが、諦めずに活動を続けた。

40歳の若さで腸チフスのため命を落としたが、民衆が自発的に呼びかけた葬儀には5000人以上の人々が集まってその死を悲しんだ。当時の盛大な葬儀の様子は、語り草になった。

蔣渭水はいくつもの「台湾初」を成し遂げた。台湾初の文化組織「台湾文化協会」の設立、台湾初の現代的な政党「台湾民衆党」の立ち上げ、台湾初の労働組合「台湾工友総聯盟」の創設などである。

高速道路に建てられた巨大な蔣渭水の記念碑。

2015年、長年、台北にあった遺骨は、ようやく故郷の宜蘭に戻った。礁渓郷の櫻花陵園にあるお墓は「渭水之丘」と名付けられ、多くの民衆がお参りに訪れている。台北から宜蘭に通じる「雪山隧道」のある高速道路は「蔣渭水高速道路」と名付けられ、雪山隧道の宜蘭側出口には大きな「蔣渭水紀念碑」が建てられている。100年前に始まった台湾民主のパイオニアとして蔣渭水の精神は今も忘れ去られることなく、受け継がれ続けているのである。

志半ばで世を去った蔣渭水の精神を受け継いだのは、同じ宜蘭出身で1908年生まれの郭雨新《グオユイシン》だった。蔣渭水と親戚関係にあり、蔣渭水同様、幼いころから漢学に親しんだ。

宜蘭農校（現・宜蘭大学）を最高の成績で卒業した。農民の小作保証金に関する卒業論文『台湾ニ於ケル磧地金ニ関スル研究』は現在も台湾の農業における重要な資料となっている。

卒業後しばらくしてから、日本人による統治を不満に思い、中国大陸に渡り商売を始めた。ところが、7年にわたる中国の生活を経て、改めて自分の祖国は台湾だということに気がつき、終戦と同時に台湾に戻り、1949年に台湾省参議会議員となった。ちなみに、私の祖父・顔欽《イエンチン》賢《シエン》も郭雨新と同じ時期に省議員になっているので、面識があったと聞いたことがある。

郭雨新は25年間も省議員を務めた。農民や漁民、老兵たちの多くの権益を獲得し、常に民衆の立場を考えた姿勢は「宜蘭のナポレオン」と呼ばれた。当時圧倒的な勢力だった国民党に属さない立場から、台湾の本当の民意を代表する人物として尊敬され続けた。

当時、台湾の選挙は長らくお金で票を買う悪習が横行していた。郭雨新はお金に頼らない選挙で勝ち続け、クリーンなイメージを定着させ、1975年の立法委員（国会議員）選挙に出馬。10万票以上の最高得票で当選したはずが、国民党による票の裏工作で当選は無効となった。

この一件で郭雨新は失意のどん底に陥って渡米するが、逆に国民党に対抗する党外の結束力が一気に高まり、党外民主運動は盛り上がりを迎えた。当時、党外で活躍していた人物のなかには、やはり宜蘭生まれで、後の民主進歩党の創立者の一人、林義雄《リンイーション》が含まれていた。


林義雄は1941年宜蘭に生まれ、台湾大学の法律学科を卒業し弁護士になったが、同郷の郭雨新が立法委員の選挙に出馬する際、選挙団体の法律顧問に就任した。

国民党の明らかな選挙妨害に対し、林義雄は郭雨新の対立候補の当選無効の訴訟を起こした。台湾史上初の選挙結果に対する訴訟となったが、一党専制下の台湾では当然のように敗訴した。

林義雄は米国に去った郭雨新の地盤を引き継ぎ、1977年、宜蘭省議会議員に当選した。民主を唱え、政府に閩南語（台湾語）の使用権を求め、言論雑誌『美麗島《メイリーダオ》』の創刊者の一人にもなった。1979年12月10日の世界人権デーに合わせ、『美麗島』雑誌主催の大規模なデモが高雄で行われたが、多くの党外運動家が逮捕される「美麗島事件」が起きた。

林義雄も逮捕、起訴された。第1回目の軍事法廷が開かれた1980年2月28日、林義雄の台北市内の家で、60歳の母親と3人の娘のうち7歳の双子が惨殺され、もう一人の娘も重傷を負った。過去に台湾で起きた2・28事件と同じ2月28日だったので、林義雄の党外運動に対する報復ではないかと囁かれた。犯人は見つからず、事件の真相はいまだ明らかになっていない。

凄惨な事件が起きた林義雄の家はいま教会となっているが、かつて私が台北に住んでいた家から歩いて3分ほどのところにある。事件当日私もそこにいたはずだが、まったく知らなかった。

奇跡的に一命を取り留めた娘と妻はアメリカに渡り、林義雄は12年の懲役判決を受けた。1984年、減刑による仮釈放で出獄し、一時米国に移ったが、1989年に台湾に戻り、「台湾共和国基本法草案」を発表する。その後、ハンガーストライキを行うなど非武力闘争による民主運動を推し進めた。1990年、李登輝総統は美麗島事件の逮捕者を特赦し、林義雄も正式に無罪の身となる。1991年、林義雄は私財のほとんどを投げ出し、「慈林教育基金会」を立ち上げ、1994年には宜蘭の実家に「慈林文教中心」を作り、政治教育や社会に貢献できる人材の育成に乗り出した。さらに、1998年に、実家を「慈林紀念館」に改築し、「台湾民主運動館」「台湾社会運動史料中心」を開設した。

総統選の直接選挙を求めてデモを組織し、自身の党主席在任中、民進党結成14年目にあたる2000年に、台湾初の政権交代を実現した。党内での方向性の違いから、2006年より民進党を離党したが、2014年、台湾の原子力発電所の建設反対を訴え、無期限のハンガーストライキを断行し、当時の馬英九総統が建設を凍結するまで追いこんだ。

いかなる状況においても、信念を曲げずに活動を続けてきた林義雄は、その人柄から「人格者」や「聖人」と評され、その一挙手一投足は現在もなお、政界に大きな影響を与えている。

宜蘭にある林義雄の生家であった慈林紀念館を訪ねた。

羅東の中心から車で約10分の場所にあるが、目立った標識も看板もないので、注意しないと見落としてしまう。鬱蒼と生い茂る樹々の奥に、赤い門扉を持った弧を描く外壁に囲まれる、平屋のレンガ造りの閩南様式の家がある。外壁は台北の林義雄の家を模し、生家に組み合わせて後から建てたものだそうだ。

中では命を落とした家族の展示品が並べられている。2人の娘の遺品に台北の「衛理幼兒園」の通信簿があった。私も同じ幼稚園に通っていた。手作りの親への誕生日カードもあった。理不尽な暴力で世を去った彼女たちを思うと、いたたまれない気持ちで一杯になる。

建物の横には「台湾民主運動館」があり、定期的に民主化運動関連の展示を行う。訪れたときは、2014年3月に学生たちが立法院を占拠した「ひまわり運動」の特別展が開かれていた。道路をはさんだ向かい側は「慈林文教中心」のビルで、上の階は、林義雄夫妻の宜蘭の自宅となっている。2階には「台湾社会運動史料中心」と展示室があり、宜蘭を中心にこれまで台湾で起きた様々な社会運動についての解説を見る事ができる。ここでは、座談会やキャンプも開かれ、若い世代に対して社会運動の重要性を林義雄自身が説く貴重な学びの地となっている。

台湾現代政治に大きな足跡を残したもう一人の宜蘭人は陳 定南《チェンディンナン》である。

1943年に宜蘭で生まれ、台湾大学で法律を学び、広告会社に就職した。美麗島事件と林義雄の家族殺害事件を契機に、政治の世界に入り、戦後初の党外人物として、1981年に宜蘭県の県長に就任した。

1980年代は、台湾西部の企業がこぞって東部への進出を決め、東部の工業化が動き出した。

台北からも近く、平地の多い宜蘭には、重工業の開発プランがいくつも提案されたが、陳定南は自然破壊と環境汚染を懸念し、観光に特化した「無煙突産業」を目指した。台湾の石油化学最大手企業の台湾プラスチックが「台塑六輕《タイスオリウチン》」（台湾プラスチック第六ナフサプラント・通称六輕）と呼ばれる工場を宜蘭に建設しようとしたことに反対し、中止させた。観光整備にも力を注ぎ、「羅東運動公園」、「冬山河親水公園」、「蘇澳冷泉」など、現在の宜蘭観光の目玉となる施設を次々と完成させた。

陳定南はどんな現場にも自ら出向き、一日15時間以上仕事をする県長として宜蘭の人々から尊敬され続けた。2006年、63歳という若さで、肺腺癌のため亡くなった。

陳定南が幼少期に暮らした三合院は一帯が整備され、「陳定南紀念館」が建てられた。読書家だった陳定南が生前に読んだ約600冊の本や、愛用していたカバン、履きつぶした靴などの展示物を見ると、倹約家で、仕事に生涯を注いだ無私の人物の横顔が自然と思い浮かぶ。

宜蘭は党外運動発祥の地として、文化、人権、社会、民主化などあらゆる運動の先陣に立ち続けてきた場所だ。

蔣渭水、郭雨新が民主の種をまき、党外運動が盛り上がり、民進党の結成、2000年の政権交代を生み、2016年の民進党・蔡英文政権の誕生にもつながっている。

櫻花陵園（渭水之丘）
宜蘭県礁渓郷匏崙村匏杓崙路 139-1 号
☎ 03-922-0433

慈林紀念館（林家故居）
宜蘭県五結郷鎮安村二結路 339 号向かい
☎ 03-965-0515
㊢ 9:00~12:00 / 13:30~17:00

陳定南紀念園區
宜蘭県三星郷大義村義洲路 2 段 65 巷 52 号
☎ 03-989-8855
㊢ 9:00~12:00 / 13:30~17:00
㊡ 月曜日・大晦日

日台合作で水と親しむ——冬山河《トンサンホー》

地図を見るのが結構好きなのだが、特に地図についている面白い地名や不思議なマーク、地形を見つけたりしていつも楽しんでいる。

台湾各地を旅行するようになり、地図を広げるたびに気づいたことがある。河川の名称について、日本では「川」が多いが、台湾では「渓」が多いのだ。台湾は急流が多いので「渓」が多いらしい。ただ、宜蘭には数少ない「河」と呼ばれる河川の「冬山河」がある。

冬山河は宜蘭を流れる主要河川・蘭陽渓の支流で、全長24キロと決して長くないが、地図で見ると、まるで定規で引いたようにまっすぐだ。

冬山河はよく氾濫を起こし、長年、住民を悩ませた。河川敷にはゴミが大量に投げ捨てられ、イメージも良くなかった。この状況を打開しようと、当時、宜蘭県長だった前述の陳定南が、冬山河治水工事を県の一大プロジェクトに位置づけ、河川の屈曲部を直線状にする工事が行われた。河口近くには台湾初の〝水と親しめる〟と言う意味を持つ「冬山河親水公園《トンサンホーチンショイゴンユワン》」も完成した。

冬山河は以前の凶暴な顔から一変し、市民に親しまれる河川へと変貌を遂げたのだが、その背後には、台湾人と日本人が共同で取り組んだ努力の物語があった。

プロジェクトを任されたのが、ランドスケープデザイナーの郭中端《グオチョントワン》さんだ。日本の早稲田大学大学院で建築・都市工学を勉強した彼女が、日本の建築専門誌に寄せた「水と空間」に関する論文を陳定南県長が読み、白羽の矢が立った。

詳しい話を聞きたくて淡水に事務所を構える郭中端さんを訪ねると、このプロジェクトについて「私を学者から実務の人間に転換させたプロジェクトなの」と話した。

郭中端さんはもともと日本統治時代の建物などに興味があり、博士論文の執筆中で研究職を目指していた。「治水」という仕事の依頼は、あまりにも唐突で戸惑ったが、陳定南県長から「全面的にサポートする」と粘り強く説得され、根負けして引き受けることを決心したそうだ。

まだ博士論文も途中だった。実務経験のない郭中端さんは、日本の建築家集団「象設計集団」に設計を頼み、自身は全体の企画と経理を担当した。象設計集団はこの仕事をきっかけに、中華様式が特徴の宜蘭県県庁舎や、宜蘭県知事官邸、宜蘭県議会など宜蘭関係の設計を次々と手がけるようになった。

ランドスケープに対する理念を熱っぽく語る郭中端さん。

郭中端さんは、この仕事を通じて、自身の中に眠っていた夢と実力、行動力が一気に開花した形となった。風水の勉強もした郭中端さんの提案で、河岸に黄色や青色を配色したり、石の並べ方をみんなで討論したりと、7年の歳月をかけ冬山河親水公園は完成した。私が訪れたとき、公園には、サイクリングロードで自転車に乗る親子、ジョギングする人、河を眺めながら芝生に腰をおろすカップルなど、多くの人影があった。水遊びができる一角もある。河をサーッと何かが横切った。かけ声とともに、オールが揃って左右に動く。どこかの大学のボート部だろうか。

眺めのいい場所のベンチに座っていると、台湾人のおじいさんから日本語で話しかけられた。

「この公園は日本人が作った。台湾人、一緒に」

私が取っていたメモを見て、日本人だとわかったのかもしれない。郭中端さんと象設計集団がこの公園に関わったことを地元の人が知っていたことに感激した。

陳定南県長が郭中端さんと二人三脚で実施した冬山河の治水工事は、時が経つに従ってどんどんその先見性が評価されているという。周囲の農家の重要な水源として、住民の憩いの場として、そして、宜蘭観光の目玉として、地元に多大な利益をもたらしている。

いまや台湾のランドスケープデザインの第一人者になった郭中端さんによれば、ランドスケープデザインは10年の月日が経過し、やっと環境に溶け込み、100年かけて景色の一部分になる、という。

冬山河の治水工事のおかげで、宜蘭にはもう一つの大きな変化があった。それが民宿だ。親水公園に行く途中の道路脇に、「○○民宿」と矢印が書かれた看板が10個以上は見つかる。日本のスキー場や温泉街のようだ。冬山河一帯にできた民宿が火付け役となり、台湾全体の民宿ブームが広がったと言われている。

特に有名なのが、水田のなかに突如現れるガラス張りの建造物だ。どこかの美術館かと見間違うほど、スタイリッシュで農村風景にそぐわない。そこがまた人々の興味を引いた。台湾人の美的センスはときどき分からない。ログハウス、ヨーロッパ宮殿風、コンクリート打ち放し、カラフルな北欧調など、ありとあらゆる様式の民宿が冬山河一帯にはある。
そのほとんどが、青空と澄んだ空気に包まれながら、宜蘭の「水」を身近に感じてもらいたいというコンセプトで造られているのは、やはり治水工事のお陰だと言えるだろう。
数ある民宿のなかでも、最も目を引くのが「浮線《フーシエン》發《ファー》想《シアン》之《チー》島《ダオ》」だ。池の真ん中に、コンクリート打ち放しの建物が浮いているように見え、まるで水上ヴィラのようだ。

冬山河親水公園にて。

桟橋を渡って部屋に入ると、大好きなお風呂がある。部屋から直接繋がっている窓外のプライベートプールは最高の遊び場だ。ボートで池を周遊したり、釣りを楽しんだりすることもでき、水に囲まれた時間を思い切りエンジョイできる。水面に映り込む夕陽の美しさや、夜の虫の声と月明かりの明るさ、朝日のまぶしさなど、普段の都会生活ではなかなか接することのできない自然を体感できる。

２００２年には親水公園の近くに、台湾に関係するありとあらゆる文化がぎっしりと詰め込まれたテーマパーク「國立《グオリー》傳統《チョワントン》藝術《イーシュー》中心《チョンシン》」が完成した。ここでは、台湾オペラの歌仔戯や布袋戯、京劇といった伝統芸能を鑑賞したり、竹細工のような伝統工芸の体験をしたりすることができるほか、台湾の昔の街並を再現した通りや建物もある。台湾の文化と台湾の自然の全てを園内で存分に堪能できるので、人気の観光スポットとなっている。

冬山河に似たコンセプトの親水公園はその後、台湾の各地で造られている。冬山河親水公園が地元にとけこみ地域を活性化させ、外から人々を呼び集めている。台湾と日本が力を合わせて実現したランドスケープ開発のお手本と言っていい。

冬山河親水公園
宜蘭県五結郷協和路 201-36 号
☎ 03-950-2097
㊔ 夏 7:00~22:00 /冬 8:00~22:00
http://www.goilan.com.tw/dsriver/

國立傳統藝術中心
宜蘭県五結郷季新村五濱路 2 段 201 号
☎ 03-970-5815
㊔ 9:00~18:00（夏期 9:00~21:00）
＊冬山親水公園から水上バスも運行している（9:00~17:20）＊園内に宿泊施設あり
http://www.ncfta.gov.tw/

浮線發想之島（民宿）
宜蘭県五結郷五結路 1 段 376 巷 2 号
☎ 03-950-1580 ㊔ 9:00~18:00
http://www.neverland.com.tw

広がる青空のもと、水面に浮かぶように建つ「浮線發想之島」。

終章

ルーツを求めて——基隆・九份

雨降る港町・基隆《ジーロン》ブルース

基隆には「基隆雨港」という、しゃれた別名がある。台湾で最も雨が似合う街だ。それだけ、雨が多い、と言うこともできる。

台湾の北東に位置し、太平洋に面し、三面を山に囲まれ、市の9割以上が丘陵地帯のため、海から吹き付ける風が山にあたり、基隆の街に雨が降り注ぐ。その昔、下駄をはかないと足元が不便だと言われたほどで、いまでも年中雨が降っているイメージがある。

市の中心は天然の良港、基隆港。

17世紀にスペイン人とオランダ人が基隆から上陸し、沿岸一帯を占領したのが基隆の歴史の始まりだ。その後、中国から漢民族が流入し、市街地の形成が始まった。

基隆という地名はかつて「鶏籠」だった。一帯は、台湾先住民のケタガラン族が住み着いていた場所で、族名を台湾語音で「ケーラン」と読み、「鶏籠」の漢字があてられた。

1867年、台湾史上まれに見る大きな津波に襲われ、多くの命が奪われた。これを契機に、「基地昌隆（繁栄の基地となる）」という意味をこめた「基隆」という地名に変えられたという。

新しい名前に効き目があったのか、清朝時代の末期には、基隆港の築港や縦貫鉄道の建設が進み、「台湾頭（台湾のトップ）」「台湾北玄関（台湾の北玄関）」などと称される繁栄を見せ、陸・海の交易の要衝地となった。

基隆港の東岸には基隆市政府や港務局、ランドマークになっているエバーグリーン・ローレルホテルなどが立ち並び、港には客船や漁船が泊まる。西岸は基隆駅、関税局などがあり、商業施設は少ない。基本的に貨物用ターミナルとなっており、軍艦も停泊している。

日本統治時代に日本と台湾を結んだ内台航路の発着場所がこの西岸だった。それが、現在の基隆西二、三埠頭倉庫にあたる。真っ白に塗られた長方形の倉庫群が沿岸に伸びている。青色の屋根と鉄柵の門扉が爽やかなアクセントだ。人影はなく、倉庫前の広場に無数の鳩が遊んでいた。

1896年、大阪商船が神戸—門司—基隆を結び、1897年に日本郵船が神戸—鹿児島—沖縄—基隆を結ぶ航路を開設し、内地間定期航路が始まった。

日本と台湾を行き来する人々を乗せた船が着岸した場所に、私は立っていた。

カバンから1枚の白黒写真を取り出す。

大きな客船と、埠頭に立つ若者の男性4人がいる。シャッポをかぶり、白いスーツに身を包んだモダンボーイは私の叔父だ。ほかの人たちは学生服に学生帽をかぶり、なかなかの格好よさだ。台湾に戻ってきたのか、これから日本に行くのか、よく分からないが、胸を張った姿はちょっと自慢げに見える。背後には、荷下ろしをする労働者の姿もある。

80年以上前のこの白黒写真といまの風景を重ね合わせてみ

市の中心部にある基隆港。近年はクルーズ船の寄港も増えてきた。

た。

船も人もいないが、港と倉庫は写真とピッタリ合わさる。

ここだ……。

父の実家は基隆にあった。昭和3年に生まれ、10歳のとき、日本留学のため、弟と2人で船に乗った。やはり、この港から旅立ったらしい。10歳という幼さで、親元を離れる心境はどうだったのだろうか。期待や不安、希望が入り交じり、顔家の長男として日本で学ぶことに重圧を感じていたかもしれない。

終戦を迎え、日本にいた台湾出身者が戦勝国民として台湾に戻るために乗船した船も、ここに着岸した。両親と一緒に暮らせる喜びで一杯だったのだろうか。はたまた、終戦の混乱で、じっくりと感慨に耽る余裕などなかったのかもしれない。だけれども、自分の生まれ故郷の地に自分の足で再び立った瞬間のことは、きっと父の記憶に残っていたと思う。

父ら在日の台湾人と入れ替わりに、台湾で生まれた日本人・湾生たちの多くも、基隆港から日本を目指した。家族を作り、事業を営み、農地を耕した台湾から離れることを惜しんだ。船上で目がかすむほど涙を流しながら、小さくなっていく台湾の島をいつまでも見つめていたという。

戦後しばらくして、日本から台湾を接収した国民党の軍隊も基隆から上陸した。「祖国」に戻ったことを喜んだ台湾人が基隆港に押し寄せ、大歓迎している様子の資料をみたことがある。

そして、たくさんの無実の台湾人が殺される2・28事件が1947年に起き、白色テロが本格化した1951年、父は再び基隆から日本へと向かった。どこから乗船したのか、その場所は分からない。なぜなら、「密航」という形だったからだ。

父の父、すなわち、私の祖父は2・28事件において、事件処理委員会の中心メンバーの1人として指名手配され、顔家は当局から監視されていた。長男である父が日本に渡ることは、正式ルートでは認められ難かったはずだ。漁船を使ったとか、船員になりすましたとか、曖昧な伝聞ばかりで、本当はどうだったのか教えてくれる人を見つけることは、まだできていない。父は、きっと生きている間は誰にも言わないでおいたのだろう。

さまざまな思いを抱えた人々を送り出し、受け入れた基隆港。港を眺めているだけで、胸が押しつぶされそうになる。

また雨が落ちてきた。今度は少し激しい。海面にうちつける雨雫の波紋が徐々に大きくなっていく。ブルースが似合う雨の港町、それが基隆だ。

埠頭の対岸に小高い山が見える。頂上には真っ白な観音像もある。基隆市のもう一つの象徴「中正公園《チョンチョンゴンユワン》」だ。あのあたりに、父の生家・顔家の邸宅「陋園《ロウユワン》」があった。

6万坪あまりの土地に、総檜造りの日本家屋とモダンな洋館が渡り廊下で繋がり、大きな池と日本式庭園があった。日本統治時代、台湾三大庭園の一つに数えられ、皇太子時代の昭和天皇の台湾視察で宿泊場所に指定された。基隆や台北の小学生の遠足の場所としても使われていた。

残念なことに、立派な庭園と建物は戦争中の空襲でほとんど焼けてしまい、日本が降伏して台湾を去った後は中華民国政府に接収され、現在の中正公園になっている。

「あの公園、もとは顔家のものでしょ」

私が顔家の末裔だと知る人からよく言われる。別に返して欲しいわけでもないのだが、正直、複雑な気持ちになる。

公園の一角には、顔家先祖代々の霊を祀る「顔家　奉安塔」という祠がある。曾祖父や祖父、父の遺骨の一部も納められ、毎年8月19日に塔を開き、顔家一族がそこに集って先祖を祀ってきた。外国に永住する子孫も多くなり、集まる人数も年々減っている。今年（２０１６年）から塔を開く月をこれまでの8月から3月に変えるというので、時間を作って参加した。

30年近く訪れていなかったので、場所の記憶がだいぶ曖昧だった。記憶のなかで、巨大だった塔は思ったよりも小さい。石灯籠や狛犬、顔家の歴史が刻まれた石碑、謎の仏像……。敷地内には、日本と中華が混在していた。

円形の塔の内部は3段になっていて、最上段が一番大きく、曾祖父の代の遺骨が入っている。中段に祖父の代の遺骨があり、最下段が私の父の代だ。

父の遺骨は、母の希望で日本と台湾に分骨し、台湾には半分しかない。遺骨の入った扉を開けようとしたが、父の扉だけ、びくともしない。

長年お参りにこなかったのを怒っているのかもしれない。

「パパ、ごめんなさい」

心のなかでつぶやき、もう一度、力を入れると扉は「ずりっ」と開いた。もしかすると、娘の謝罪が通じたのだろうか。真っ黒な大理石の骨壺には、若い頃の父の写真が埋め込まれ、「故顔惠民之霊骨」の文字が刻まれている。

昔の台湾人の大家族伝統的なしきたりでは、一族を継ぐ長男は本家として、必ず先祖の霊と共に祀られなければならなかった。長男として生まれた父は、自分の家族がどこにいても、基隆のこの地に骨を埋めなければならない運命を背負っていた。

塔のなかに閉じ込められた父の骨壺に手を当てた。自分の父でありながら、どこかとても遠い存在に思えてくる。亡くなった母の遺骨は日本にある。この骨壺の中の遺骨は、夫婦で台湾と日本に離れて、寂しくはないだろうか。娘たちに会いたかっただろうか。心の中で問いかけてみたが、もちろん返事はない。

集まった人数は15人もいない。かつて大家族だった顔家としてはかなり寂しいが、普段ほとんど顔を合わせない親戚とも会うことができ、近況の報告をし合った。祠のある場所の土地はすでに顔家のものではない。現在は、先祖の霊を祀るためのこの場所の土地代を、政府に支払っている。なんとも理不尽な気もするが、これが現実と、受け入れるしかないのだろう。

かつて顔家が基隆にあった痕跡は、中正公園の麓にある職業専門学校「基隆市私立光隆高級家事商業職業學校」（以下、光隆家商）のなかにもある。

実は光隆家商だけは、まだ顔家のものとして残っている。

基隆出身の画家・王傑さんの作品。後ろの山を含めた全てが顔家の邸宅「陋園」だ。

いまは父の弟が経営者で、父も以前董事長（会長）を務めたことがある。顔家の邸宅がまさにこの一帯に建っていた。

　父の生家について手元にある白黒の写真には、家の全景が映っているものがほとんどなく、想像することしかできなかったが、今年に入って台北の画廊で基隆出身の画家・王傑《ワンチェ》さんの個展があり、作品に基隆の街が描かれているというので訪ねてみた。個展では、幅1メートル近い大きな1枚の絵がひときわ目立つ形で飾られていた。

　山の麓を囲むように建てられた日本家屋と洋館。池に浮かぶように立つ五重の灯籠。もしかして……。見覚えのある風景を前に立ちつくした。顔家の邸宅「陋園」だ。

白黒写真しか残っていなかった父の生家が、鮮やかな青空と新緑の山といっしょに再現されていた。信じられないという思いとともに、感動が広がる。運命的とすら感じ、普段、絵画にあまり興味を持ったことはないが、どうしてもこの絵が欲しいと思った。

　丸縁のメガネに、ちょびヒゲを生やしたいかにも芸術家風の王傑さんは、1968年に、基隆中心部から少し離れた七堵で生まれた。台北の大学を卒業後、スペインに留学したのち、2003年に台湾に戻ってくるまで、王傑さんにとって基隆は故郷でありながら、断片的な幼いころの記憶があるだけの、よく知らない場所という存在だった。

　ところがスペインでお世話になった教授が台湾に遊びにきて基隆を案内したところ、基隆がスペインに占領された過去の歴史に教授がたいそう驚くのを見て、逆に自分の故郷をもっと知りたい思いにかられたという。

基隆市内にアトリエを構え、基隆の風景のデッサンを始めた。描く対象の背後にあるストーリーまで掘り起こし、絵と物語を繋げた『基隆小旅行』という本を出版した。デッサンの教室も開き、街角のデッサンを生徒たちと一緒に楽しんでいる。内台航路の発着場所「基隆西二、三碼頭倉庫」は、全面撤去する再開発計画が持ち上がっていたが、王傑さんは抗議活動に参加し、結果、倉庫は保存されることが決まったのだ。

王傑さんのアトリエは基隆で最もにぎやかな夜市があることで有名な「奠濟宮」の近くにある。日本統治時代の建物をリノベーションした一室の壁は黄色に塗られ、いくつもの絵が立てかけられていた。スペインの風が少し薫る芸術家の空間が、日本統治時代の建造物と融合している。

王傑さんが顔家の邸宅「陋園」を描いたきっかけは、ある建設会社からの依頼だった。かつての陋園の一部に、不動産会社が高級マンションを売り出す計画を立てた。キャッチコピーは「顔家陋園の跡地に建つ高級マンション」。王傑さんはこのポスターやチラシに陋園を描いて欲しいという注文を受けたのだ。

手元にあった資料は陋園の一部が映った白黒写真のみ。その写真と現在の中正公園を見比べながら、「きっとこうだったかもしれない」、という想像力を加え、描きあげた大作が、私が買い取った作品だった。

私も王傑さんと同じで、父の故郷である基隆を知らなかった。

基隆は、台湾の歴史上、とても重要な場所である。

台湾の歴史上最も悲惨な事件である2・28事件の際、基隆港の海面には犠牲になった多くの市民の遺体が浮かんだ。2・28事件は、闇タバコの密売人への暴力に端を発した台湾民衆の暴動事件で、背景には、当時、日本に代わって台湾を統治した国民党の腐敗や無能さへの広範な不満があった。台湾全土で激しい抗議行動が起きたが、中国から上陸した国民党軍によって2万人とも3万人とも言われる民衆が正当な裁判や取り調べもなく虐殺されたと言われる。

事件の鎮圧のために基隆港から上陸した国民党の軍は市民の手の甲に鉄のワイヤーを通し、一斉に機銃掃射を行ったそうだ。先頭の1人を銃殺すれば、数珠繋ぎ状となった後の人たちも、自動的に海に投げ込まれる、といった残忍な殺害が繰り広げられたという。

この事件に巻き込まれた沖縄出身の日本人たちが、基隆市のはずれにある和平島（当時は社寮島）にいた。沖縄から基隆は、目と鼻の先だ。沖縄から漁業や農業、家事手伝いなど様々な形で出稼ぎに来たり移住したりした人々が基隆の和平島に暮らしており、沖縄人集落ができていた。

基隆では、特に激しい弾圧があった。和平島はその基隆のなかでも激しい粛清があったとされる場所で、国民党側の使う北京語が通じなかった沖縄人は訳が分からないまま巻き込まれ、殺害されたと言われている。犠牲者の数は30人に達するとの推計もあるが、その実態はよく分かっていない。

和平島は基隆港の東側の最北端にある。本島から和平橋を渡ると漁港があり、雰囲気が一変する。かつての沖縄人集落はもうないが、昔ながらの密集した住宅街を通り抜け、島の北側に進むと和平島公園にたどり着く。海水プールがあり、波の浸食による奇岩が有名だ。茶色い岩肌が幾重にも重なる「千畳敷」と呼ばれる場所で多くの人が犠牲になった。

千畳敷を見下ろせる場所に、沖縄人犠牲者の魂を鎮魂する慰霊碑と銅像が最近建立された。小型の漁船に乗った海人の像は勇ましくもあり、少し悲しげにも見える。

基隆は外に開かれた港町ということもあって外国への留学経験者も多く、商売人や知識人も数多く住んでおり、そのなかには2・28事件で犠牲になった人もいた。私の祖父も指名手配されたが、幸い一命を取り留めた。基隆港に浮かんでいたらと想像すると、ぞっとしてしまう。

悲しい歴史の一方で、欧米文化と早くから接触してきたため、基隆の街はカフェやバーの文化が他の都市よりもいち早く根付いた。港の周辺にできたバーは、クラブ的な要素が強く、バーガールがサービスを行っていた。バーガールの質と美しさは台湾一だったという。現在もバーはいくつか残っているが、新しくできたカフェも多い。

港からまっすぐ南に下り、繁華街が切れるブロックから基隆河の支流を渡った場所に、おしゃれなカフェ『Eddie's Cafe Et Tiramisu』が現れる。周囲はいわゆる台湾の小吃店ばかりで、かなり場違いだ。マスタード色の両開きの店の入り口に黒の店の看板が掲げられ、どこかイタリアのバールっぽい。

店主のエディ（陳紹基《チェンシャオジー》）さんは基隆生まれで今年50歳になる。高校を卒業し、台北で仕事に就いて以来、基隆とはまったく縁のない生活を送っていた。祖父と父親の2代はこの店の近くにあった市場で鳥や鴨など家禽類を扱う卸業者だった。

「ここは昔、屠場でした」

殺生はよくないという考えを持つエディさん。思い切った家業の転換をはかり、カフェを始めた。飲食関係の仕事をしていたので、全くの門外漢ではない。サービスは店の隅々まで行き届き、飲んだコーヒーも食べたケーキも、とても丁寧な味がした。

15人も座れば満席になってしまう店内は、地元のお客さんで一杯だ。ちょっと横に座っていたおじさん2人の会話に聞き耳を立てると、こんな話をしていた。

「基隆で落ち着いておいしいコーヒーを飲めるのはここだけだ」

基隆のカフェ文化は日本統治時代から定着していたはず。なのに、いまの基隆には落ち着ける空間が少ない、と地元の人たちは感じている。

「基隆は繁栄が早すぎた。過去のプライドを捨てきれない」

こだわりのコーヒーと手作りのスイーツを楽しめる「Eddie's Cafe Et Tiramisu」。

エディさんはそう語った。清朝時代から日本統治時代に最盛期を迎えた基隆は、時代の最先端にあった。1980年代には、貨物を取り扱う港として、世界7番目の地位を築いた。ところが、時代の変化にともない、貨物量は減り、基隆港に停泊する船の数は激減し、ここ30年近くは何の成長もない、停滞した都市となってしまっていた。

なにも大きい建造物を建てる必要はな

基隆市初の露店カフェ「金豆咖啡」。人情味溢れた地元の人たちのいこいの場として親しまれている。

い。港を見ながら人々が安らげるヨットハーバーのような都市になってほしいと、エディさんは願っている。

もう1軒、カフェを紹介したい。王鴻《ワンホン》麟《リン》さんが経営する「金豆咖啡《チントウカーフェイ》」だ。埠頭で働いていた王鴻麟さんの父親が退職後、1980年に31号陸橋のたもとで開いた「金豆咖啡」が1号店。基隆市初の露店カフェと言われている。早朝6時から夜9時まで営業し、埠頭で働く作業員や市場の人たちが多く訪れていた。王鴻麟さんの父親は亡くなったが、いまも店は残っている。

訪れてみると、コーヒーを飲んでいる人はほぼ全員お互いが顔見知り。冷房はなく、扇風機のみのコーヒーショップだが、まさに地元の人たちの憩いの場になっていた。

2012年、金豆咖啡から歩いて3分の場所に、築60年以上の物件を見つけた王鴻麟さんは、もう少しサロン的なムードを持つ「金豆咖啡品味迴廊《ピンウェイホイラン》」をオープンした。読書会や文化発信を行う人々の意見交換の場として定着し、多くのイベントも開かれている。

「基隆は台湾の縮図だと思う」

王鴻麟さんはそう話す。台湾には「外国の月のほうが丸く見える」という諺がある。日本の「隣の芝生は青い」と同じだろう。台湾人は自分たちの故郷よりも、外の方が何でもよいと思いがちで、特に基隆はその傾向が強いようだ。何か意義のあることを始めても、周囲は反応せず、大海原に石を投げ込むような無力感がこの都市に漂っているという。

「もし、お店がなかったら、とっくにこの街を離れていた」と、ため息をついた王鴻麟さんの心情は、何となくだが、分からないではない。

ただ、そんな基隆にも変化の兆しはある。

自分たちは台湾人であるというアイデンティティが台湾社会で強まっている。その流れが自分の故郷に戻り、自分の故郷について知る、といった行動になり、台北などから基隆に戻る若者も徐々に増え始めているそうだ。そんな人たちにとって、王傑さんやエディさん、王鴻麟さんのような40〜50代は基隆の良さを教えてくれる頼もしい先生になっている。

2016年6月25日、基隆で基隆建港130周年の記念イベントが行われた。このイベントに「中能登町観光大使」という、ちょっと特別な身分で参加した。私の一青《ひとと》という姓は母の姓であり、石川県の中能登町にルーツがある。しかし中能登町と基隆の縁が深いことを知ったのはほんの数年前のことだ。

中能登町と基隆が結びついた背景には、一人の台湾人の歯科医師がいた。かつて中能登町で初めての台湾人歯科医師として勤務していた周《チョウ》振《チョン》才《ツァイ》さんが、基隆市と中能登町の学生交流を背後で支えた。

周振才さんは1947年、3代続く歯科医の家の3男として基隆で生まれ、台北医学院（現・台北医科大学）の歯学部を卒業し、台北で開業医として働いていたが、日本で歯科医になっていた実兄を訪ねて、家族で日本に遊びにいったのをきっかけに、一家で日本に恋してしまった。

30歳を過ぎての日本語学習は困難の連続だったが、寝ずの猛勉強で一発で日本の歯科医師国家試験に通った。1982年、晴れて日本で就職できることになった。いくつかの候補地のなかで、基隆と同じ海がある中能登町を選んだ。

小さい町に突然現れた初めての歯科医。それも外国人。たちまち話題となり、台湾なまりの日本語を話す周振才さんは人気者になった。毎日食べ

かつて世界7位の貨物港として栄えた基隆港。いまも大型のコンテナ船が行き交う。

昼前からにぎわう基隆の「廟口夜市」。屋根付きの店も多く、雨でも安心。

【基隆】

❶和平島海濱公園
基隆市中正区平一路 360 号
☎ 02-2463-5999
㊔ 4-10 月 5:00~19:00 / 11-3 月 8:00~17:00

❷ Eddie's Cafe Et Tiramisu
基隆市仁愛区華四街 25 号
☎ 0989-840-785
㊔ 13:00~21:00 ㊡ 水曜日

艾克猴 ALCOHOL
基隆市仁愛区忠一路 3 巷 23 号
☎ 02-2425-2795
㊔ 日-木 19:00~25:00 /金、土 19:00~26:00

❸金豆咖啡品味迴廊
基隆市仁愛区忠三路 75 号
☎ 02-2425-8817
㊔ 月-金 11:00~21:00 /土 12:00~22:00 / 日 12:00~18:00 ㊡ 火曜日

❹金豆咖啡
基隆市仁愛区忠四路明徳商場 72 号
☎ 02-2425-8817
㊔ 月-金 10:30~19:00 /土 12:00~19:00
㊡ 日曜日

LOKA CAFE & DESSERTS
基隆市中正区中正路 28 号
☎ 0920-393-370
㊔ 12:00~23:00
基隆港の東岸にあるカフェ。

李鵠餅店
基隆市仁愛区仁三路 90 号
☎ 02-2422-3007
㊔ 9:00~21:30
http://www.lee-hu.com.tw/
100 年以上の歴史を持つ老舗の台湾のお菓子屋。

❺長榮桂冠酒店（エバーグリーン・ローレルホテル キールン）
基隆市中正区中正路 62-1 号
☎ 02-2427-9988
基隆一の大型ホテル。港の横に建っているため、眺めがよい。

小 A 蟹麵
基隆市信義区信三路 13 号
☎ 02-2428-2756
㊔ 9:30~18:30 ㊡ 日曜日
なにを頼んでも美味しいが、個人的にはここの海老フライが絶品で大好きだ。

車站阿伯豆干包魚丸專賣店
基隆市仁愛区港西街 17 号
☎ 0933-058-909
㊔ 4:30~14:30
厚揚げにひき肉を詰めて魚のすり身ふたをしてゆでた基隆の名物・豆干包の老舗。

❻基隆廟口夜市
基隆の夜市は、夜ではなく朝から一日中開いている店も多い。

13番 圳記紅燒鰻焿
㊔ 17:00~ 24:00
鰻のフライをとろみスープに入れる。４０年以上続く名店。

16番 王記天婦羅
㊔ 11:00~ 24:00
サメのすり身天婦羅の人気店。

41番 陳記泡泡冰
㊔ 10:00~ 24:00 祝日 10:00~26:00
氷を撹拌し滑らかにしたスイーツ。ピーナッツ味が一押し。

58番 營養三明治
㊔ 11:00~26:00
揚げたコッペパンのサンドイッチ。病み付きになる。

70番 蟹肉・蟹足・風螺
㊔ 16:00~26:00
新鮮な蟹爪や川エビ、ツブ貝などを調理してくれる店。ビールにもってこい。

きれないほどの新鮮な魚を届けてくれる町民が後を絶たなかったという。

「星が本当にきれいで、空気もおいしい」

町の人々と親しく触れ合うこと約9年。骨を埋めるつもりで家まで購入した矢先、基隆で開業している実父が病に倒れ、継ぐために台湾へ戻ることになった。

基隆に戻った翌年、中能登町の友人から鹿島中学校（現・中能登中学校）と基隆の中学校の交流を提案され、周振才さんの奥さんの中学時代の担任教師が校長先生の知り合いだった成功國中との交流が始まった。

私の父親の故郷・基隆が、母のルーツでもある中能登町とつながっている。そして、私と同じ歯科医の方が両者をつないでいた。この事実を知ったとき、ちょっと鳥肌が立った。

2016年から中能登町の観光大使となった私は、中能登町の町長や県議会議員、町議会議員、中能登町職員など、総勢17名というグループと一緒にイベントに参加した。

「雨の基隆」の呼び名通り、イベントが始まる直前に激しい雨が降って心配されたが、すぐに上がった。基隆市と友好関係にある各国からの来賓として、広島の呉市、熊本の八代市なども参加し、基隆港内を約1時間かけクルーズした。

乗り物に酔い易いので大丈夫かと心配になったが、港内の波は静かで、気にならなかった。基隆港で船に乗るのは初めてだ。周囲の景色が動き始め、岸壁を徐々に離れる。さっきまでいたエバーグリーン・ローレルホテルの緑の建物の前には灰白色の軍艦が停泊している。純白の海洋巡視船もいる。軍港と商用の2つを兼ねた港ならではの光景だ。

反対側にはコンテナの群れが広がっている。これで貨物量が少ないのかと思うほど、四角い色とりどりのコンテナがびっしりと積まれていた。

少し前、『老鷹想飛《ラオインシアンフェイ》（Fly, Kite Fly）』という台湾のドキュメンタリー映画を観た。かつて基隆港の上空には老鷹＝トンビがたくさん飛び交っていたが、近年はめっきりその数が減っている。そんなトンビの生態を20年かけて追い続けたドキュメンタリーだ。トンビの生態系が崩された原因は、過度の農薬使用や、森林伐採に関係していた。

映画を観ながら思った。父が港を出るときは、トンビは飛んでいたのだろうか……。今、見上げた空には雲がひとつ浮かんでいる以外、なにも見えない。

２０１４年末、新しく基隆市長となった林右昌《リンユーチャン》さんは１９７１年生まれととても若い。イベントのテーマは「基隆啟航 重返榮耀（基隆の新しい門出　栄光を取り戻せ）」だった。

これまで変われなかった父の故郷・基隆だが、国際的な港湾都市に返り咲くべく、未来に向かって動き始めている。その第一歩のイベントに、母の故郷を代表して参加できた幸運は、父と母が一緒に導いてくれたような気がする。

多くの悲しみを飲み込んできた基隆港も、この日はとても喜んでいるように思えた。

のすたるじっく・九《チウ》份《フェン》

本当になんの理由もなく、ある日の午後、ふと考えたのだ。

どうして九份は「九份」と呼ばれるのか、ということを。40年以上生きてきて、自分の一族のとても大切な場所であるのに、一度も考えたことがなかった。ちょっと恥ずかしくなった。

調べてみると、笑ってしまうぐらいシンプルな理由だった。約３６０年前の清朝時代初期、一帯には家が9軒しかなく、何を買うにしても物売りにいつも「９つ分」と頼んでいたことから「九份」と呼ばれるようになったそうだ。

九份は台北から車で1時間弱の山間の街だ。標高約９００メートルの山腹の急斜面に、張り付くように建てられた茶芸館や小吃店、土産物屋が並び、レトロでノスタルジックな雰囲気がたっぷり漂う。海外からの旅行者にとって、外せない観光地である。メインストリートに連なる赤提灯と急な石段の写真は、台湾観光本やパンフレットの表紙に必ずといっていいほど使われている。30分もあれば歩いて回れてしまうくらいの小さな街には、連日大勢の人が押し寄せ、週末ともなれば、前にも後にも進むことが難しい芋洗い状態になる。

最近のことだが、九份について、台湾の新聞にこんなニュースが流れた。

「『神隠少女』靈感不是來自九份！（『千と千尋の神隠し』の着想の元は九份ではなかった！）」

九份に触発された宮崎駿監督がこの街をモデルとして、『千と千尋の神隠し』を撮ったという噂が広がり、そのお陰で映画が公開された2001年以降、九份の人気はさらに高まった。九份を他人に説明するときは、「『千と千尋の神隠し』の舞台となった街です」と話せば誰にでも通じるので嬉しかっただけに、複雑な気持ちになった。

9軒の家しかなかった九份。いまの姿しか知らなければ、ちょっと信じ難い光景だが、かつての九份はとっても寂しい寒村だった。

しかし、にぎやかな九份となったのは、実は今回が初めてではない。過去に一度、九份の「黄金時代」があった。私の父の一族が深くかかわっていた。

父の名前は顔《イエン》恵民《ホイミン》という。顔と書いて中国語で「イエン」と読む。「顔家」はその昔、台湾五大家族の一つに数えられた財閥だった。台湾五大家族とは、日本統治時代の台湾において、政治や経済に大きな影響力を持った5つの名家のことを指す。北から基隆の顔家、板橋の林家、霧峰の林家、鹿港の辜家、そして、高雄の陳家である。

父の一族・顔家のルーツは、本当かどうかは分からないが、孔子の弟子で一番の秀才だった顔回にあると伝えられる。その後、中国各地を転々としながら福建省・安渓に定住し、清朝の乾隆帝のころ、顔家のご先

立ち止まることもままならないほど混雑する九份。

祖様が台湾に渡り、最初は漁業を営んだという。1890年には台北のやや北の基隆河で採金を始め、顔家の財は増え始めた。

このとき、顔家が拠点としていたのは、今の基隆市と新北市の境界附近で、基隆河近くの「四脚亭」という場所だった。四脚亭には新北市最大の砲台遺跡「四脚亭砲台」がある。近くに、顔家の初期の邸宅「福隆居」がある。三合院造りの立派なお屋敷だったと聞いていたので、好奇心でこの家を探しに行ったことがある。

福隆居に通じる道は公園予定地になっていたおかげでコンクリートで舗装されていた。一本道を歩いていくと、突如、前方後円墳のような立派なお墓が現れた。墓石には金色で「顔」と書いてあり、かなり手入れがいき届いている。さらに進むと、モザイクタイルで「顔」と書かれた別のお墓が見えた。これはかなり高いところにあるので、近寄ることはできない。

この一帯が顔家の発祥の地に間違いない。だが、肝心の福隆居は見当たらない。道路脇に民家があり、思い切って聞いてみた。

「すぐその上の雑木林のなかにあるよ」

民家のおばさんが教えてくれた。たしかに建物らしきものが遠くに見え隠れしている。誰も住まなくなってかなり長い時間が経っていたせいで、家に通じる道は完全になくなっていた。建物の周囲は背の丈ほどに生い茂った雑草に囲まれ、近づくことすら難しい。

それでも、先祖の家を見たい一心で、草木をかきわけて近づいた。建物の基本構造はかろうじて残っているが、屋根は崩れ落ちていた。このままだと、あと数年もしないで風景の一部に溶け込み、顔家の原点は跡形もなくなってしまいそうだ。悲しいが、私にはどうしようもない。

日本統治時代に入り、九份の地に眠る金に目を付けた明治期の関西財界の重鎮・藤田伝三郎が「藤田合名会社」を作り、採掘を始めた。私の曾祖父・顔雲年《イエンユンニエン》は、日本統治時代に藤田組から九份一帯の採掘権を受け継ぎ、「臺陽礦業株式會社」を立ち上げ、さらに鉱山を成長させた。

顔雲年は台湾ナンバー1の鉱山王として「炭王金覇」と呼ばれた。日本の三井財閥や経済人の木村久太郎らと協力関係を築き、鉄道、金融、食品、保険、造船、林業などにも事業を広げていった。最盛期は、関連会社50社を超える多角経営を行う実業家だった。

1917年、九份の金の産出量は最高となり、東アジア一の金鉱山として栄え、ゴールドラッシュで数万人の人々が移り住んだ。学校、映画館、商店、酒楼が次々と建てられ、もともと9軒しかなかった九份は「小香港《リトルホンコン》」と呼ばれるほどに賑わった。

しかし、戦後は金の自由売買禁止条例や石炭の衰退の煽りを受け、1971年に顔家は九份での採掘を中止し、正式に閉山を決定した。九份の街からは急激に人の姿が消え、いったんは人々の記憶から九份の存在は消えてなくなった。

ところが、一本の映画がきっかけで、九份は再び蘇った。台湾映画の巨匠・侯孝賢《ホウシアオシエン》監督が撮った『悲情城市《ベイチンチェンシー》』だ。台湾でタブーと言われ続けてきた2・28事件を正面から初めて取り上げ、ヴェネチア国際映画祭でグランプリを受賞し、侯孝賢の名と台湾映画を世界に知らしめた作品でもある。

港町・基隆と九份、金瓜石を舞台とし、1945年8月15日の玉音放送から物語は始まり、「上海酒家」を営む林一家に生まれた4兄弟を中心に話は進む。特に印象深いセリフがある。「本島人最可憐。一下日本人、一下中国人（本島人が一番可哀想だ。日本人になったり、中国人になったり）」

本島人（台湾出身者）の主人公が時代に翻弄される自らの運命を嘆くセリフである。日本統治時代が終わり、国民党による独裁政治が始まった台湾と、台湾近代史と台湾人のアイデンティティについて、初めて本格的に描いた映画だった。

もう一つ、ラストシーンで読まれる手紙が心に響いた。

「……九月份開始轉冷了。芒花開了。満山白蒙蒙、像雪……。（九月に入り、冷え込んできました。すすきが咲き誇っています。山が白く見え、雪のようです）」

細くうねる山道に沿って揺れる草木の美しい風景が画面に流れた。台湾は亜熱帯気候で四季の区別が分かりづらいと言われているが、九份では四季を十分に感じることができる。

撮影場所の九份が多くの人の注目の対象となり、訪れる人が一気に増え始めた。旅行パンフレットの表紙になっているメインストリートで、362段の石段からなる「豎崎路《シューチールー》」に茶芸館などが立ち並んだのも、この映画の上映による観光客の増加の後だった。

金脈が尽きるまで続いた九份の街の隆盛を知る顔家の昔の会社の職員からは、「金の塊をポケットに入れてご飯を食べに出かけた」「鉱夫は仕事のあと、夜通しで酒を飲み、また仕事にでかけた」「酒楼の灯りが消えることはなかった」などと景気のいい話を聞かされたことがある。

観光地となった九份から、金や石炭を採掘していた時代の様子は想像しがたい。一体どんな街並みだったのだろうか。そんな疑問を解決してくれたのは呉念真《ウーニアンチェン》監督の『八番坑口的新娘《バーファンコンコウトーシンニアン》』という映画だった。

「八番坑」とは九份の最盛期に最も金の産出量が多かった坑道のことだ。

映画は八番坑とその周囲をロケ地とした映画で、台北から九份の派出所にやってきた警官と、九份に住んでいる精神障害を持つ未亡人のストーリーだ。

警官が上司から「何故あんなへんぴな所を志願したのか」と問われている冒頭のシーンや、未亡人が閉坑された坑道に向かって夫の名を叫んでいる場面から考えると、鉱山が閉鎖された後から1980年代にかけての物語だと推測できる。

主人公は朴訥で実直な青年警官の江萬水。出向先の九份派出所で、毎日九份から瑞芳に向かって黙々と箒で地面を掃き続ける女性・阿鳳に出会う。炭坑夫であった夫を炭坑事故で亡くし、阿鳳は精神を病んでいた。さらに町の男性から繰り返し乱暴され、不本意に一男一女をもうけ、二重の悲しみを背負うこと

かつて金の産出量が最も多かった「八番坑」。

になった。不憫に思った江萬水は阿鳳と結婚し、幸せになるという物語だ。

派手さはない映画だが、ゴールドラッシュ後の九份に暮らす人々の日常を描いた貴重な作品だ。１９８０年代の九份の人口は数千人のみ。小香港と呼ばれ、5万人以上が移り住んだ時代に比べると、街は様変わりしていた。過去を語る現地の警官の言葉が強く心に残る。

「ここにはかつて27もの酒楼がひしめきあっていた。酒と女を求め、男が毎晩押し寄せた」

「現金を持たずに金塊を握りしめ、気に入った女がいればその場で金塊をナイフで削って買った」

　私が聞いていた話とほとんど同じである。

九份の大部分の土地はいまでも顔家が所有しているが、かつて炭坑王と呼ばれた栄華はもう見られない。残っているのは、１９３７年に建てられ、２００３年に新北市の歴史的建造物に指定された「臺陽礦業事務所《タイヤンコワンイエシーウースオ》」くらいだ。

「臺陽礦業事務所」は現在、観光客で賑わっている九份のメインストリートから徒歩で5分ほどのところにあり、「八番坑」は事務所の裏手だ。江萬水が駐在した九份派出所は事務所のすぐ近くだった。阿鳳が箒で掃いていた道路は軽便路《チンビェンルー》と呼ばれ、１９３０年代に私の曾祖父が九份から瑞芳まで金や石炭を運ぶ為に完成させた道路だ。鉱夫たちが住んでいた黒いコールタールで壁を塗った家々も映画に映っていた。私にとっても見慣れた風景であり、鉱山としての栄枯盛衰を経た九份の歴史を、この作品から思い描くことができた。

　呉念真監督の父親もかつて九份、金瓜石で金鉱・炭坑に従事してきた炭坑夫だった。幼いころを九份で過ごした監督にとって、ここは故郷。以前監督と会ったとき、「顔妙です」と名乗ると、「あの顔家か」と驚かれた。そのあとは顔家のことや九份の話題ですっかり盛り上がった。

「八番坑」の前に立って撮った写真がある。役割を終えた坑口には、「明治三十三年」の文字が刻まれている。深緑の苔に覆われ、樹齢100年を超えるガジュマルの根に包み込まれた坑道の先は真っ暗だ。いったいどのぐらいの人がここから出入りし、どんな人生を送ったのか。聞いてみたいが、返ってくる声はない。人々の記憶も永遠にヤマと共に閉ざされてしまった。

顔家は九份とともに繁栄してきた。九份があるのは新北市の瑞芳区という一帯で、隣の平渓区を含め、あたりは石炭が豊富に埋蔵されていた地域だった。

瑞芳区の中心は「瑞芳駅」の周辺だ。台北や宜蘭への通過点としてにぎわった。駅前には古くからの商店街や市場、「美食街」と呼ばれるフードコートがある。瑞芳駅は、日本人の鉄道ファンに大人気の平渓線が出ていることでも有名だ。

実はこの平渓線は、瑞芳より南西にあった菁桐坑の開発のため、顔家が瑞芳駅の2つ先の「三貂嶺」から「菁桐」まで敷設した「臺陽礦業株式會社石底線」だった。台湾初の石炭専用運送鉄道は全長12・9キロで、1929年に台湾総督府が買い上げ、平渓線と改名された。

石炭採掘が終わり、一時廃線の危機に陥ったが、現在は一般客を乗せるローカル線に生まれ変わった。平渓線に乗るには、区間切符ももちろんあるが、観光客用に何度でも途中下車できる80元の一日乗車券が発売されている。カラフルにペイントされた車輌は基隆河に沿った緑豊かな渓谷のなかを走り抜けていく。中国や香港からの観光客も多く乗っていた。日頃は新幹線のような高速の電車に乗りなれているためか、スローでのんびりした列車の動きは新鮮だ。

さらさらと流れる渓谷に沿い、緑が深い山奥へと進んで行く。本来の始発駅であった「三貂嶺」駅は鬱蒼とした樹に囲まれ、ほとんど何もない感じだ。乗降客もいなかった。

手が届きそうな距離に迫ってくる商店街の合間に列車が止まる。本来は旧正月の行事である天燈上げで有名な「十分」駅だ。線路の脇には天燈上げ用の天燈を売っているお店が幾つも並んでいる。赤、青、黄、白、緑など色々な色の天燈があるが、それぞれの色に応じた意味があるそうだ。

夢が叶う意味を持つ「白」の天燈を選び、墨書きで「健康第一」という願いを記し、線路に立った。慣れた様子の店員にポーズをとらされ、かけ声とともに手を放すと、天燈は一気に空高く舞い上がっていった。あーっ、と思いながら撮った写真は、天空にすっかり小さくなった天燈がぽつりと浮かんでいて、かなり寂しい感じがした。十分駅近くには、台湾のナイアガラと呼ばれている「十分瀑布」や、基隆河にかかる大きな吊り橋もあり、見どころは多い。

終点の菁桐駅は、日本統治時代の駅舎のままで、ノスタルジックなムードが漂う。駅周辺には、坑道や坑口、石炭を積み出すホッパーが当時のまま残っていて、かつてここが炭鉱の街であった痕跡がしっかりと残っている。

駅の横には、昔の鉄道の宿舎を改築し、炭鉱の歴史を展示した「菁桐礦業生活館《チントンコワンイエションフォコワン》」がある。中に入ったとき、曾祖父や祖父、会社の建物の写真がたくさん並んでいた。

思い思いの願いを書き、空に向かって放たれる天燈。

九份からこの場所までのすべてが顔家と関係している。線路の間に立ち、伸びゆく軌道を見つめた。観光客を乗せた列車が上を走っている。その昔、数多の「黒いダイヤ」石炭をのせた炭車が行き交っていた。顔家の栄枯盛衰を見つめ続けてきた平渓線そのものが、顔家の原点だった。

2016年の旧正月の大晦日の夜を、九份の街で過ごそうと民宿に泊った。

民宿のそばに「頌徳公園《ソントーゴンユワン》」があった。園内には、私の曾祖父・顔雲年の徳を誉め称えた石碑と記念の石柱があるので、「頌徳公園」と名付けられたという。九份に貢献した人物として地元の有志が建ててくれたらしい。自分の先祖を称える公園があるなんて、とても名誉なことだ。

半円形の公園は、九份の反対側に通じる古道の入り口にもなっていて、見晴らしがいい高台にある。公園の真ん中に立派な石柱がある。その土台には真っ白な大理石が埋め込まれていた。刻まれた文字は摩耗が激しく、かろうじて祖父・顔欽賢の名前を見つけたが、内容を読み取ることは難しい。上の石柱にびっしりと金色の文字が並ぶ。高い場所で分かりにくいが、「大正六年」という文字が見えたので、1917年に建立されたようだ。

公園の壁に埋め込まれた「頌徳碑」と書かれた碑を見つけた。周囲と同化しかけている碑は注意して見ないと見落としてしまいそうだった。碑を眺めていると、おじいさんに連れられた小さな女の子がやってきた。女の子は色つきのチョークを持ち出し、おもむろに石柱の下に絵を描き始めた。

「そこ、私の先祖を称えてくれる大事な場所です」

喉まで出かかったが、声にはしなかった。

そのかわり、おじいさんに話しかけてみた。

「なんの公園か知らないけれども、よく孫を連れて遊びにくる」

孫娘の描く絵は、顔家の碑の上にどんどん広がっていく。苦笑しながらその場を立ち去った。

曾祖父を記念した公園が今もあるだけでもありがたいが、その忘れられ方がいまの九份と顔家の寂しい関係を物語っている。

九份の山頂近くには「新北市立欽賢國民中學」という中学校がある。祖父・顔欽賢の寄付で建てられた学校だ。現在はかなり学生の数が少なく、将来の存続が心配されていると聞いている。九份で顔家に関連したものはどれも忘れ去られつつあるようで、やはりちょっと寂しい。

日が沈んだ九份の街は、昼間とは全く違う顔になる。漁船の灯りが美しく広がり、ロマンチックなムードが漂う。ところが、いったんお店が集中する通りに入ると、接客に奔走する店員たちの殺気立った声ばかりが響き渡っている。

「賣完了《マイワンロー》（売り切れだ）」「快點嘛《コワイティエンマー》（早くして）」「不知道《プーチータオ》（知らない）」

その口調には人情味のかけらもない。何年か前に訪れたとき、九份の昔話や当時の暮らしを丁寧に教えてくれた「温かみ」はない。生活する人、商売する人、観光に行く人の三者のバランスが崩れると、どこかにしわ寄せがくる。小さな街の九份は容量オーバー気味かもしれない。

九份に住む地元の人からは、古い家がなくなり、新しい店が建ち始め、かつての九份の味がどんどん消えているという声も聞こえてくる。それは確かにとても残念なことではあるが、一方で賑わいはいつまでも続いて欲しい。かつてここにお世話になった顔家の末裔としてなにかできないか、初日の出を見ながら考えた。

いまは小さな民宿しかない九份だが、顔家は近い将来、手軽に九份1泊を楽しめるようなホテルを建設しようと計画を立てている。ところが、九份の土地はほとんどが建設用地ではないため、地目変更から始めなければならず、ずいぶんと時間がかかりそうだ。それでもホテルができれば、顔家と九份の新しい関係が築かれ、新たな章が始まるかもしれない。

祖父・顔欽賢の名前が付けられた学校。

平渓線

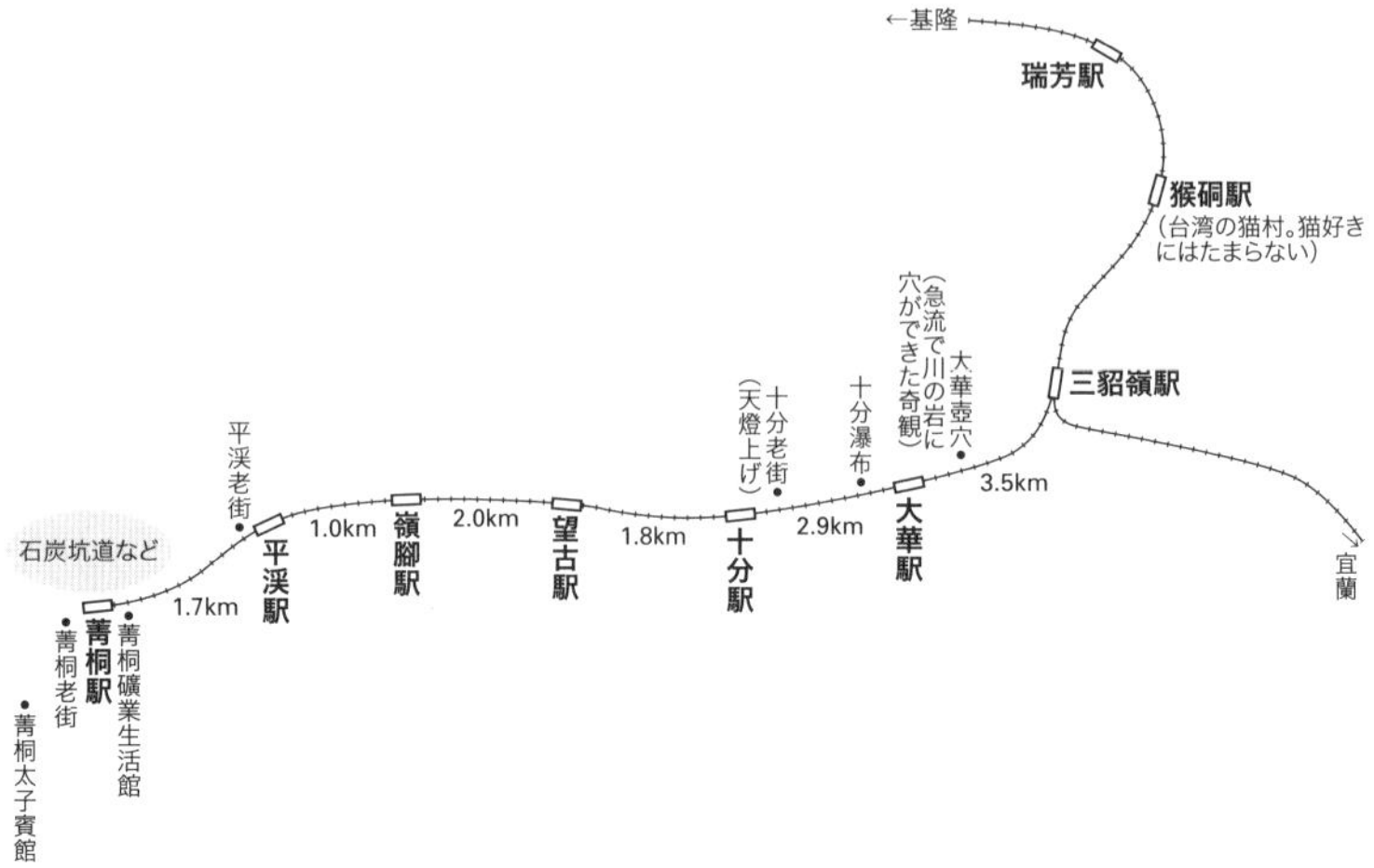

←基隆
瑞芳駅
猴硐駅
（台湾の猫村。猫好きにはたまらない）
三貂嶺駅
宜蘭
3.5km
大華駅
大華壺穴
（急流で川の岩に穴ができた奇観）
十分瀑布
2.9km
十分駅
十分老街
（天燈上げ）
1.8km
望古駅
2.0km
嶺腳駅
1.0km
平渓駅
平渓老街
1.7km
菁桐駅
石炭坑道など
菁桐老街
菁桐礦業生活館
菁桐太子賓館

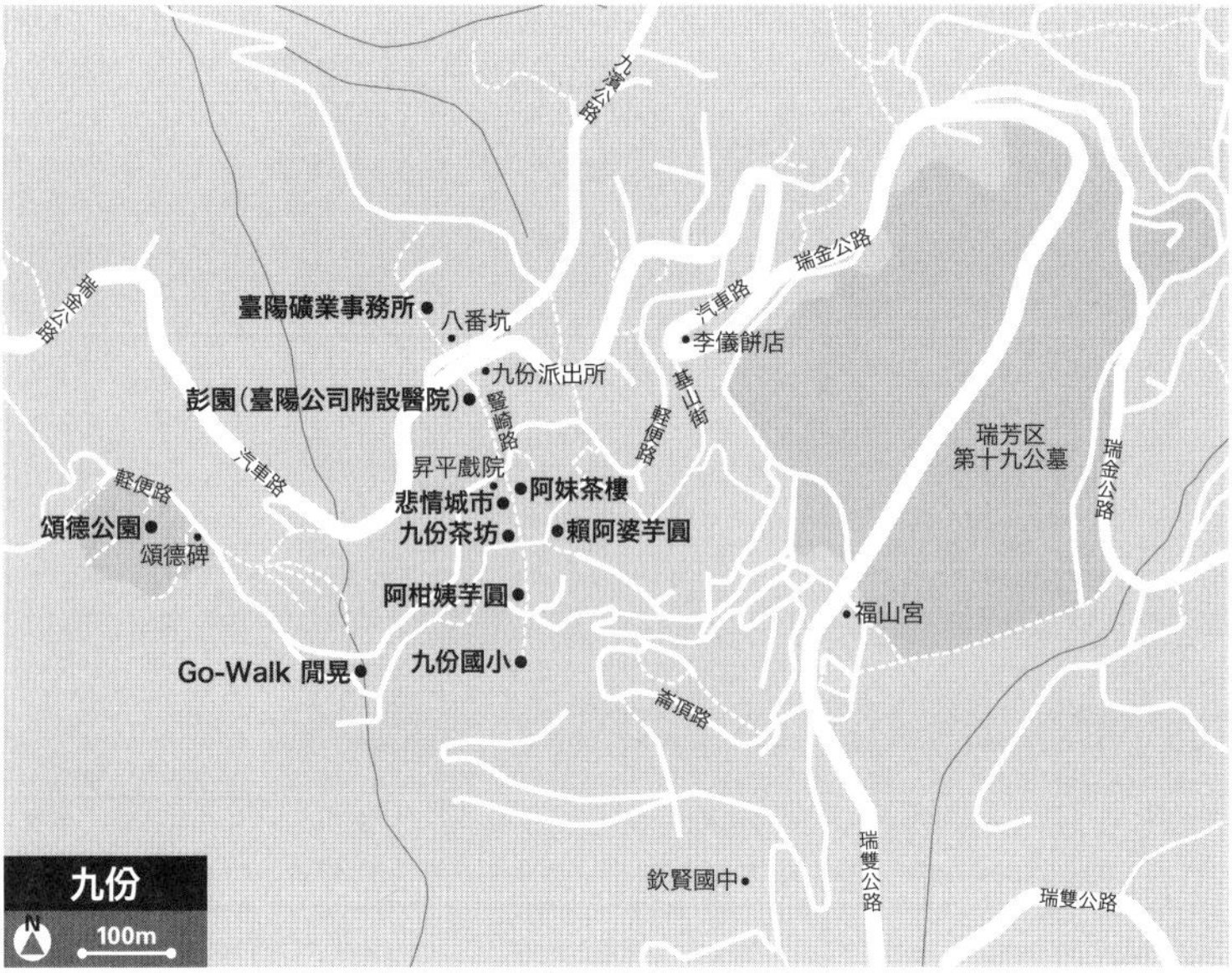

九份
100m
九濱公路
瑞金公路
汽車路
李儀餅店
臺陽礦業事務所
八番坑
九份派出所
彭園（臺陽公司附設醫院）
豎崎路
基山街
輕便路
汽車路
瑞芳区
第十九公墓
瑞金公路
昇平戲院
阿妹茶樓
悲情城市
九份茶坊
賴阿婆芋圓
輕便路
頌德公園
頌德碑
阿柑姨芋圓
福山宮
九份國小
Go-Walk 閒晃
崙頂路
瑞雙公路
欽賢國中
瑞雙公路

【九份】

九份茶坊
新北市瑞芳区九份基山街 142 号
☎ 02-2496-9056
㊋ 9:30~21:00 / 土曜 :9:00~23:00
https://www.jioufen-teahouse.com.tw
九份で最初にできた茶房。

阿妹茶樓
新北市瑞芳区九份崇文里市下巷 20 号
☎ 02-2496-0492
㊋ 8:30~26:00
九份でお酒を飲め、夜遅くまで営業している数少ない茶館。

頌徳公園
新北市瑞芳区九份軽便路 338 号そば

福山宮
新北市瑞芳区九份崙頂路 2 号
九份に最初に渡った移民によって建立された廟。200 年以上の歴史を持つ。

九份國小
新北市瑞芳区九份崙頂路 145 号
☎ 02-2497-2263
九份のメインストリートの最上部にある小学校。眺めがよいことで有名。

賴阿婆芋圓
新北市瑞芳区九份基山街 147 号
☎ 02-2497-5245
㊋ 日-木 7:00~21:00 / 金・土 7:00~25:00
タロイモから作った白玉のような甘いスイーツ、九份名物「芋圓」のお店。

阿柑姨芋圓
新北市瑞芳区九份豎崎路 5 号
☎ 02-2497-6505
㊋ 9:00~20:00 / 土 :9:00~23:00
もう一つの芋圓専門店。

悲情城市（小上海茶飯館）
新北市瑞芳区九份豎崎路 35 号 2F
☎ 02-2496-0852
㊋ 平日 10:00~21:00 / 金土 10:00~24:00
映画「悲情城市」ロケ地だった家。いわゆる伝統的な台湾料理を楽しめるお店。

彭園（臺陽公司附設醫院）
新北市瑞芳区九份豎崎路 41 号
☎ 02-2497-2749（内部見学は予約制）
約 80 年前九份にできた唯一の総合診療所「彭外科医院」。

臺陽礦業事務所
新北市瑞芳区九份豎崎路 54 号
外観のみ見学可能

昇平戲院
新北市瑞芳区九份軽便路 137 号
☎ 02-2496-2800
1934 年にできた、演劇と映画の両方を上映する当時の鉱夫たちの娯楽施設。

H 數樹・私房　shu shu
非公開（九份のメインストリートから３分以内）
FB より予約を申し込む、当日の鍵の受け渡しなどを決めるシステム。
抜群にオシャレな隠れ家的民宿。

H Go-Walk 閒晃
新北市瑞芳鎮九份基山街219-4 号
☎02-2496-0002
ほどよくコンパクトにまとまった民宿。朝食は台湾らしく、おかゆや肉デンブ、台湾の漬け物など。

【平渓】

菁桐礦業生活館
新北市平渓区菁桐街 117 号
☎ 02-2495-2749
㊋ 9:30~17:00　㊡ 月曜日

菁桐太子賓館
新北市平渓区菁桐街 167 号
☎ 02-2885-8199
㊋ 土 10:00~20:00 / 日 10:00~18:00
顔家が招待用に建てた「石底俱楽部」が所有者が変わり観光施設になっている。

あとがき

前作『わたしの台南』を書き終えてから、新潮社の編集者、岡倉千奈美さんに、今度は台湾の東海岸を書いてみたいのですが……と、半分本気、半分冗談で、とりあえずジャブを打ってみたら、打てば響くような「いいですね！」という予想外のリアクションが返ってきた。その日から、私の東海岸めぐりはギアチェンジして一気にスピードを上げた。

東海岸はとにかく広い。交通や宿泊が思うようにならないこともあった。道に迷って途方にくれたときもあった。でも、終わってみればたくさんの楽しい出会いと発見に恵まれ、充実感いっぱいで書き上げることができました。

東海岸の持っている魅力を、まだすっきりとした言葉で伝えることはできないけれども「台湾好きならば、次は東海岸に行ってみてください」と間違いなくお勧めします。台湾マニアも知らない、スペシャルな台湾に出会えるのが東海岸です。広いからこそ、いろんな回り方ができるのも、東海岸です。

そして、どうか、みなさんの「東海岸」を是非、見つけて下さい。

思いのほかタイトになってしまったスケジュールのなか、何日も徹夜で頑張って下さった岡倉さん、ありがとうございました。各地の素敵な地図を製作して下さったアトリエ・プランさんも、ありがとうございました。御礼の代わりに、いつか、東海岸にお連れしたいと思います。

基隆では、林右昌基隆市長と呉秋秀夫人に大変お世話になりました。基隆市政府の周佩虹さん、細かい配慮に感謝致します。王傑さんの案内で、基隆の今を知りました。周振才先生がいなかったら基隆に足を向けることはなかったでしょう。ｙｏｙｏさん、宜蘭は最高です。また游莉君さんと林閏齢さんたちと女子会しましょう。花蓮では、黄家栄さんと李美玲さんのおかげで、とても興味深い体験ができました。お二方の郷土愛に感動しっぱなしです。花蓮市政府の方々にも親切にして頂きました。台東への入り口を作って下さった林戴爵さん、こんどは初日の出を迎えるために、また太麻里のご自宅に泊まりに行きたいです。台東県政府観光旅遊処の王国政副処長と胡文慈さん、迅速な対応に助けられました。台東出身の元台北駐日経済文化代表処副代表の陳調和さんにも台東のことを教えていただきました。東海岸について、多くのヒントを下さった熊谷俊之さん、郭中端さん、堀込憲二さん、頼銘達さん、謝孟純さん、ありがとうございました。

まだまだたくさんの方々に助けられました。九份、基隆、宜蘭、花蓮、台東の各地で出会った皆さん、本当に大変お世話になりました。またお会いできることを心待ちにしています。

『わたしの台南』から『わたしの台湾・東海岸』と続いて、これはもしかすると『わたしの◯◯』シリーズになったりしたらいいなと、ちょっぴり図々しく考えたりしながら、次は台湾のどこへ行こうかと思いを巡らせています。

２０１６年８月　東京の自宅で

【台湾・東海岸での交通手段】

＜九份へ＞
基本情報：新北市観光局（日本語あり）
http://tour.ntpc.gov.tw/
鉄道＋バスで
台北⇔瑞芳　鉄道約40分（片道）
瑞芳駅前のバス停から乗り換え
瑞芳⇔九份　バス約15分（片道・基隆客運「九份／金瓜石」行き）
バスで
台北⇔九份　約70分（片道・基隆客運）
乗車場所：MRT「忠孝復興」1番出口の復興南路側にある基隆客運バス停から「九份／金瓜石」行きが出ている。
車で
台北⇔九份　　約35キロ（片道）

【各機関のサイト一覧】
飛行機
マンダリン航空 http://www.mandarin-airlines.com/
立栄航空 https://www.uniair.com.tw/
トランスアジア航空（日本語）http://www.tna.com.tw/jp/

鉄道
台湾鉄路管理局（日本語）http://www.railway.gov.tw/jp/

バス
鼎東客運 http://www.鼎東客運.tw/
花蓮客運 http://www.hualienbus.com.tw/
国光客運 http://www.kingbus.com.tw/
豊原客運 http://www.fybus.com.tw/
葛馬蘭汽車客運 http://www.kamalan.com.tw/
首都客運 http://www.capital-bus.com.tw/yilan/
基隆客運 http://www.kl-bus.com.tw/

台湾好行（日本語）http://jp.taiwantrip.com.tw/

★[台湾・東海岸での交通手段] は205頁からご覧ください。

【台湾・東海岸での交通手段】

＜宜蘭へ＞
基本情報：宜蘭県政府宜蘭勁好玩（英語あり）
http://tourism.e-land.gov.tw/
鉄道で
台北⇔宜蘭　約１時間（片道）
＊詳細は台湾鉄路管理局サイトへ。
バスで
台北⇔宜蘭　約１時間（片道・葛馬蘭汽車客運または首都客運、国光客運）
＊詳細は各社サイトへ。
車で
台北⇔宜蘭　約60キロ（片道）

●宜蘭県内の移動
路線バス（首都客運、国光客運）以外に、観光に便利な、礁渓と冬山河一帯を主に走る「台湾好行観光バス」があります。毎日約12便。
＊詳細は台湾好行サイトへ。

＜基隆へ＞
基本情報：基隆市政府観光局（日本語あり）
http://tour.klcg.gov.tw/
鉄道で
台北⇔基隆　約50分（片道）
バスで
台北⇔基隆　約45分（片道・国光客運）
＊詳細は同社サイトへ。
車で
台北⇔基隆　約25キロ（片道）

●基隆市内の移動
台北同様、路線バスが網の目状に市内を走っています。観光に便利な、西の野柳と東の瑞芳に向けて走る「台湾好行観光バス」があります。毎日約９便。
＊詳細は台湾好行サイトへ。

【台湾・東海岸での交通手段】

バスで
花蓮と高雄から、バスで台東に入ることができます。
花蓮⇔台東　約４時間（鼎東客運または花蓮客運）／高雄⇔台東　約４時間（国光客運）
＊詳細は各社サイトへ。

●台東県内の移動
路線バス（鼎東客運）以外に、観光に便利な、台東県の主な見所を走る「台湾好行観光バス」があり、内陸と海岸線を走る２ルートを走っています。内陸ルートを約１時間20分、海岸沿いを約１時間45分で結び、毎日約６便。
＊詳細は台湾好行サイトへ。

＜花蓮へ＞
基本情報：花蓮県観光資訊網（英語あり）
http://tour-hualien.hl.gov.tw/
飛行機で
１便／日　（空港から市内まで車で約20分）
台北・松山空港⇔花蓮空港　トランスアジア航空　40分（片道）
高雄空港⇔花蓮空港　マンダリン航空　55分（片道）
＊各社予約サイトへ。
鉄道で
台北⇔花蓮　約２時間（特急プユマ号・片道）
＊詳細は台湾鉄路管理局サイトへ。
バスで
現状、台北から花蓮までの直通バスはない。台北から宜蘭の羅東まで行き、列車を乗り継ぎ花蓮に入るのが一般的。
＊宜蘭までの行き方は、宜蘭の部分を参照下さい。
台中⇔花蓮　約６時間（片道・豊原客運と花蓮客運）
＊詳細は各社サイトへ。

●花蓮県内の移動
路線バス（花蓮客運）以外に、観光に便利な、太魯閣と花東縦谷を主に走る「台湾好行観光バス」があります。毎日約10便。
＊詳細は台湾好行サイトへ。

【台湾・東海岸での交通手段】

●自動車について
基本的に、東海岸では、車での移動が一番便利であることは間違いありません。道路も複雑ではなく、台北のように車両の通行量も多くないので、安全を心がければ運転はそれほど難しくありません。日本の運転免許証の中国語翻訳文があれば東海岸の各都市でレンタカーを借りることができます。日本では最寄りのJAF（日本自動車連盟）で、台湾では公益財団法人交流協会（台北又は高雄事務所）で、それぞれ中国語翻訳文を発行してもらえます。
JAF　http://www.jaf.or.jp/inter/taiwan/index.htm/
公益財団法人交流協会台北事務所
https://www.koryu.or.jp/taipei/ez3_contents.nsf/Top/
公益財団法人交流協会高雄事務所
https://www.koryu.or.jp/kaohsiung/ez3_contents.nsf/Top/

台湾大手のレンタカー店では、日本人でも当日店頭でレンタルできますが、出来れば事前に予約した方がベター。一般的に台数に限りがあるので、週末や祝日がからむ場合は、早めの予約が無難です。
和運　https://www.easyrent.com.tw/Japanese/
格上　http://www.car-plus.com.tw/
AVIS　http://www.avis-japan.com/
オリックス　http://japanese.orixauto.com.tw/

＜台東へ＞
基本情報：台東県政府観光局（日本語あり）
http://tour.taitung.gov.tw/
飛行機で
２便／日　マンダリン航空、立栄航空が毎日各１便ずつ
台北・松山空港⇔台東空港　片道約１時間
（空港から市内まで車で約10分）
＊各社予約サイトへ。
鉄道で
台北⇔台東　約３時間30分（特急プユマ号・片道）／花蓮⇔台東　約２時間（特急プユマ号・片道）／高雄⇔台東　約２時間10分（片道）
＊詳細は台湾鉄路管理局サイトへ。

本文デザイン　森杉昌之
地　図　　アトリエ・プラン
装　幀　　新潮社装幀室

一青　妙（ひとと・たえ）

1970年、台湾屈指の名家「顔家」の長男だった父と日本人の母との間に生まれ、幼少期は台湾で育ち、11歳から日本で暮らし始める。歯科医と女優、そしてエッセイストとして活躍中。日台の架け橋となるような文化交流活動にも力を入れている。著作に『わたしの台南「ほんとうの台湾」に出会う旅』（新潮社）のほか、『私の箱子（シャンズ）』『ママ、ごはんまだ？』（ともに講談社）があり、両作とも台湾で中国語訳が出版され、『私の箱子』は「2013年開巻好書奨」を受賞するなど大きな話題を呼んだ。台南市親善大使、中能登町観光大使を務める。

取材協力／台東県政府　基隆市政府
写真提供／カバー　右上：台湾影像図庫網　左上：黄家栄　左下：中華民国交通部観光局　背：熊谷俊之
　　　　　帯　表1：熊谷俊之　表4：中華民国交通部観光局（黄孝恩撮影）
　　　　　本文中　台東：中華民国交通部観光局（林栄清撮影）　台東県政府
　　　　　宜蘭：中華民国交通部観光局（連士傑撮影）
　　　　　基隆：基隆市政府（陳雲章撮影）

わたしの台湾《たいわん》・東海岸《ひがしかいがん》
「もう一《ひと》つの台湾《たいわん》」をめぐる旅《たび》

発　行／2016年９月20日

著　者／一青《ひとと》　妙《たえ》
発行者／佐藤隆信
発行所／株式会社　新潮社
〒162-8711　東京都新宿区矢来町71
電話　編集部(03)3266-5611
　　　読者係(03)3266-5111
http://www.shinchosha.co.jp

印刷所／錦明印刷株式会社
製本所／加藤製本株式会社

ISBN978-4-10-336272-2　C0026　JASRAC 出 1609909-601
乱丁・落丁本は、ご面倒ですが小社読者係宛お送り下さい。
送料小社負担にてお取替えいたします。価格はカバーに表示してあります。